AF391397

VOYAGE PITTORESQUE

AU PAYS DES PAGODES

Eug. LAGRILLIÈRE-BEAUCLERC

Voyage Pittoresque

AU PAYS DES PAGODES

**Illustrations d'après les photographies rapportées
par l'auteur**

PARIS

(COLLECTION PAUL PACLOT)

ALBIN MICHEL, ÉDITEUR

22, RUE HUYGHENS, 22

VOYAGE PITTORESQUE AU PAYS DES PAGODES

CHAPITRE PREMIER

PORT-SAÏD. — LE CANAL DE SUEZ. — DANS LA MER ROUGE.

Depuis cinq jours nous avons quitté la terre de France; il s'est passé cinq fois vingt-quatre heures depuis le moment où nous avons dit adieu à ceux que nous aimons.

Ce n'est pas sans tristesse que s'est faite cette séparation, mais, après quelques jours de mer, l'impression du départ s'est peu à peu effacée des esprits, et à notre arrivée à Port-Saïd, il n'y avait plus sur le visage des passagers que les reflets de sentiments joyeux.

Les bourrasques de la Méditerranée, le tangage et le roulis, associés dans un mouvement de balançoire infiniment désagréable, en un mot tous les inconvénients d'une mer mouvementée n'ayant accordé de répit aux passagers que

pendant la traversée des détroits de Bonifacio et de Mess
tout cela est oublié.

Nous venons de jeter l'ancre dans la rade de Port-Saïd
à la monotonie de la mer succède enfin la vision de la vill
fricaine, si curieuse par sa population, par le mouvement
e son port et de ses rues.

La ville de Port-Saïd n'est pourtant pas d'un aspect séduisant et même, à dire toute la vérité, son originalité n'est pas
de celles qui frappent l'imagination.

Il y a là des gens de toutes les nations, de tous les
pays.

C'est une sorte de gigantesque bazar, de caravansérail, où
tous les peuples semblent se donner des rendez-vous furtifs
et rapides, et le seul aspect des maisons de commerce donne
une idée du cosmopolitisme de cette cité, fort peu égyp-
tienne, quoiqu'en territoire égyptien.

Par les rues larges et droites de cette ville neuve, nous
rencontrons dans la bizarrerie d'une foule grouillante des
Italiens, des Anglais, des Maltais, des Arabes, des Portugais,
des Hollandais et, par-ci par-là, quelques Égyptiens.

Les femmes fellahs que nous apercevons portent le voile
noir avec un appendice en cuivre posé sur le nez.

Cet ornement cylindrique et ridicule sert à dissimuler
aux passants le peu qu'elles laissent voir de leur visage.

Nous avions vu à Alger les mauresques avec des voiles
blancs ; à Constantine, les femmes arabes avec des voiles
bleus ; à Tunis, les mêmes femmes avec des voiles noirs.
Nous n'en avions pas encore rencontré avec des « drogues »
sur le nez. Il paraît que cette particularité est à peu près
générale en Égypte.

Les marchands abondent à Port-Saïd. On accoste les
passants dans les rues pour leur proposer les articles les
plus variés. Le commerce des timbres-poste s'y fait sur une

large échelle. On trouve là des collections de tous les timbres du monde. Il paraît même que, parmi les séries, on en trouve sortant d'une fabrique spéciale qui excelle dans l'imitation.

Nous apercevons, à la devanture de nombreux magasins, des articles de Paris, des chapeaux à la mode de l'an dernier, des costumes de la dernière coupe de Constantinople.

Le couteau à papier, estampillé à la marque de Jérusalem, se vend cinq sous avec une photogravure imprimée sur la lamelle de bois.

Les cigarettes égyptiennes sont proposées à tous les passants à des prix réduits. Il y a aussi des cigares offerts à la dégustation des naïfs qui essayent vainement d'allumer ·es feuilles de tabac, mal séchées, tirebouchonnées et d'un parfum rappelant les *infectados* de France.

Un café-concert, dont la musique à grand tapage se perçoit distinctement dans la rue, fait savoir au noble étranger prêtant l'oreille qu'on en est encore, à Port-Saïd, aux vieilles chansons de Paulus : *la Boîteuse* et *le Père la Victoire* éclatent en notes sonores et d'une harmonie qui charmerait un ours danseur.

Nous nous risquons dans un de ces hall musicaux. Dès le vestibule, nous sommes arrêtés par la voix d'un croupier criant : « Faites vos jeux, Messieurs, rien ne va plus! » Il y a là une roulette entourée par de bons comperes destinés à amorcer les badauds et à les provoquer à risquer quelques pièces d'or.

Le monsieur qui met en mouvement le mécanisme se penche de temps en temps, quand la roulette a cessé de tourner, proclame un numéro que personne ne peut contrôler, paye ou empoche.

Il empoche plutôt, et tout donne à penser que, lorsqu'il paye un gagnant, ce dernier est un habile complice, un

rabatteur dont la chance apparente a pour but de stimuler
élu des joueurs, bons naïfs que le paquebot emportera
tout à l'heure vers de lointaines régions et qui ne songeront
ni à se plaindre, ni à réclamer.

Quelques instants après, nous regagnons le bord. La
sirène jette son puissant appel, le navire évolue lentement
sous l'impulsion de la barre, et nous quittons Port-Saïd.

A onze heures du matin, nous entrons dans le canal de
Suez.

Quatorze heures de Port-Saïd à Suez, c'est-à-dire d'une
extrémité du canal à l'autre! cette perspective me paraissait
devoir être assez monotone pour devenir ennuyeuse; il n'en
a rien été.

Le parcours de ces 158 kilomètres est fort intéressant, et
le seul regret que je puisse exprimer, c'est d'avoir eu a
prendre des notes à bord d'un paquebot dont la marche,
ralentie par nécessité, nous laissait trop longtemps entre
des monticules de sable amassés sur chacune des deux
rives par le vent du désert.

Par instant toutefois, la vue pouvait s'étendre au loin,
englobant dans un large rayon d'un côté la côte africaine,
de l'autre la côte asiatique.

Le canal est d'une largeur très inégale. Il doit avoir en
moyenne soixante-quinze mètres de largeur, mais un peu
avant Ismaïlia il n'en a pas trente.

En sortant de Port-Saïd, une voie ferrée court sur le côté
africain. C'est le chemin de fer reliant Port-Saïd à Ismaïlia
et au Caire. De loin en loin des gares aux toitures en briques
rouges jettent une note joyeuse à travers un paysage sans
végétation.

Partout, à droite et à gauche, du sable et, par instants, quelques larges **lacs sur** les bords desquels des ibis en bandes, des flamants et d'autres oiseaux blancs s'étalent en longues lignes qu'argentent, **d'une** façon intermittente, les rayons du soleil.

Vers le soir nous distinguons **une caravane venant** de Syrie (elle en suit du moins la route). Elle attend le bac pour passer d'une rive à l'autre.

Tout le long du canal, des dragues puissantes fonctionnent constamment pour maintenir au canal sa profondeur d'eau, sans cesse menacée par les enlisements. Rien n'est envahissant comme le sable, et les rafales du désert sont une des causes d'inquiétude des gens ayant la charge **d'assurer** le libre parcours du canal de Suez.

A cinq heures du soir, après un brusque **coude, nous** nous trouvons à Ismaïlia, situé **sur** le lac Rimsah, sorte d'oasis d'aspect charmant, arrosée par l'eau du **Nil canalisée** depuis peu jusqu'à cette ville intéressante.

Nous apercevons, le long d'une palissade, un groupe d'arabes parmi. lesquels **se trouvent** quelques **enfants** accroupis.

Ils regardent **curieusement passer** le paquebot

A partir d'Ismaïlia, le navire entre dans les lacs amers, suivant la ligne jalonnée par des bouées lumineuses flottantes.

Le travail des hommes se retrouvera quelques heures plus tard, continuant le canal de l'autre côté des lacs.

A l'avant du paquebot, un réflecteur électrique puissant éclaire la route, projetant des rayons lumineux **à 3 kilo-**mètres de là, ce qui permet la circulation de nuit, jadis interdite sur le canal.

Ce réflecteur produit de singuliers effets d'ombre et de lumière. Il **n'éclaire que la** partie exactement placée dans

l'angle tracé par les rayons extremes, limitant son champ
d'action.

Il n'y a pas, en dehors de cet angle, de lumière diffuse.
La partie éclairée et la partie sombre sont nettement
tranchées.

Nous avançons lentement, avec cet œil ouvert sur la nuit
qui nous permet de préciser exactement la situation du
chenal dans lequel le paquebot doit se maintenir.

Vers neuf heures, nous entrons dans le long couloir de
sable; nous nous garons, dans la nuit, pour laisser passer
un navire autrichien, et à deux heures du matin, 21 janvier, nous stoppons à Suez, avant d'entrer dans la mer
Rouge.

La nuit est admirable; les constellations brillent dans la
profondeur du ciel et dans le lointain, une ombre indécise
nous révèle le Mont Sinaï.

De l'autre côté de Suez, la fontaine de Moïse reste à peu
près invisible. Le treuil des amarres et les tiraillements de
la drosse font un tapage effroyable. On descend et on monte.
par la cale ouverte, des caisses et des colis quelconques,
Des Égyptiens s'embarquent à destination de l'Abyssinie,
On trouve encore de la place pour les caser à bord, ce qui
ne va pas sans grand branlebas, sans vacarme et sans
bousculades.

A côté de ma cabine loge un Anglais très « gentlemen ».
supérieurement correct, qui, réveillé par le tintamarre
assourdissant des treuils amenant les amarres, s'écrie : « Ce
méquénique, il fait un bruit ridiquioule. »

Il n'a pas tort d'ailleurs, car, à bord des paquebots anglais,
les treuils sont hydrauliques et fonctionnent sans bruit.

Quatre heures du matin. — Le timbre électrique d'appel
sonne à la machine, une trépidation, un grondement sourd
de l'hélice et nous quittons Suez. Nous entrons dans la

mer Rouge, où nous allons naviguer pendant quatre jours, entre la côte d'Asie et la côte africaine.

La première escale est Djibouti, sur la côte des Somalis.

Je constate que le thermomètre marque 33°. On nous promet mieux pour demain.

La mer Rouge est d'un bleu admirable et le soleil qui se joue dans les embruns des vagues semble verser des étoiles d'or dans les flots. Sur le pont du navire, les costumes de toile font, pour la première fois, leur apparition; il est probable que demain tout le monde arborera, comme coiffure le casque colonial. On amarre le piano sur le pont. Il paraît que ce soir on dansera à la lueur des étoiles, plus brillantes que celles des falots du bord.

CHAPITRE II

NOUS PASSONS LE TROPIQUE. — LES POISSONS VOLANTS. — LA VIE A BORD. —
LE RESPECT DU PROTOCOLE. — L'ILE DE PÉRIM. — LA TEMPÊTE. — UN REMÈDE
CONTRE LE MAL DE MER. — ARRIVÉE A DJIBOUTI.

Il y a exactement sept jours que nous avons quitté Marseille, et ce matin, dimanche, à dix heures et demie, nous franchissons le tropique du Cancer.

Nous sommes, par 23°30′ de latitude nord et par 37°17′ de longitude est.

La chaleur est supportable, grâce à un vent violent qui nous procure depuis deux jours les agréments d'un tangage des plus accentués.

Hier, nous avons eu comme distraction le passage d'une troupe de poissons volants poursuivis par un requin. Ces poissons sont de dimensions minimes; vus du bord, à une distance de cinq ou six mètres, ils ne paraissent pas dépasser une longueur moyenne de vingt-cinq centimètres.

Ils voltigent à la surface de l'eau, argentés par les rayons
du soleil, et semblent des lames de métal flexible émergeant
de l'onde et s'y replongeant quelques secondes après.

Nous avons aussi rencontré, à quelque distance de la côte,
un radeau chargé de monde. On nous apprend qu'il s'agit
de marchands Syriens se rendant à Suez. Il y a là une
agglomération, un entassement de passagers offrant un peu
le spectacle d'un radeau supportant des naufragés.

On a l'impression très nette qu'un faux mouvement suffi-
rait à jeter à la mer le passager qui oublierait un instant
de se tenir solidement d'une main au bord de cette épave
flottante.

Depuis deux jours nous avons perdu de vue les côtes
africaines et asiatiques. Nous atteindrons demain, dans la
nuit, le détroit de Bab-el-Mandeb, et au matin nous serons
à Djibouti.

En attendant, malgré le tangage, tout le monde s'est
installé sur le pont du paquebot, et c'est une chose curieuse
que cette agglomération de chaises longues garnies de
dormeurs et de dormeuses, de fauteuils nombreux et
encombrants alignés sur deux ou trois rangs, le long du
bastingage.

De temps en temps, on perçoit la note monocorde des
ronfleurs qui font la sieste, bercés par la mer, la sueur au
front, avec l'oppression accablante d'une atmosphère humide
et lourde s'ajoutant au rythme continu, lancinant, de l'hélice
nous martelant les tempes.

Quelques promeneurs courageux s'efforcent de circuler à
travers ce capharnaüm d'osier, de toile et de bambou,

écartant les jambes en marchant et opposant au roulis le contrepoids du corps, penché dans le sens contraire à celui de l'inclinaison du navire.

Et c'est un déhanchement **perpétuel**, une gymnastique déambulatoire d'allure comique, chacun cherchant un point d'appui soit dans un déplacement du centre de gravité, soit en se raccrochant, au hasard, à quelques sièges rencontrés, à des cordages, ou aux poignées en cuivre des rouffles.

L'existence à bord présente peu de variété. On en est réduit à lire, à écrire et à manger.

A ce dernier point de vue, la compagnie des Messageries maritimes fait bien les choses. On nous sert six repas par jour. Le premier, à sept heures du matin ; le second, à dix heures ; un lunch, à une heure ; le thé, à quatre heures ; un dîner « officiel », à six heures, et un nouveau thé, à neuf heures.

Il y a, à bord, un protocole. — Les déjeuners se font dans la tenue adoptée par la fantaisie des passagers, mais le dîner de six heures a invariablement lieu en habit ou en smoking.

Je n'ai pas vu cette coutume sur les paquebots de l'Océan, ni sur ceux de la Méditerranée ; mais sur les « bateaux de Chine », les Anglais en ont fait naître l'usage. Ceci prouve, une fois de plus, que l'Angleterre ne néglige jamais une occasion de taquiner les Français.

Depuis quarante-huit heures, tout le monde est vêtu de blanc. La température est, néanmoins, supportable. Le vent est des plus violents, et nous tanguons de si belle manière

qu'on **a dû** fermer hublots, sabords, fenêtres des rouffles
et tout ce qui pourrait permettre à la mer une invasion
dans l'intérieur du paquebot.

Aussi les vagues, ne pouvant pas trouver à se loger à
bord, déferlent sur le pont avec une maëstria superbe,
tombant en paquets sur les passagers assis le long des bastin-
gages, couvrant d'eau les rares promeneurs osant risquer
un pied en dehors des cabines ou des salons.

Je reçois ainsi le baptême tropical (j'avais pourtant
déjà passé le tropique) sous la forme d'une vague irres-
pectueuse qui me trempe d'un seul coup, depuis la pointe
des cheveux jusqu'à la semelle des bottes. Nous sommes
bien une douzaine à recevoir cet arrosage intempestif. Nous
avons l'air de sortir d'une baignoire pleine d'eau dans laquelle
nous serions **entrés depuis les talons jusqu'au sommet du
chapeau.**

Le temps se gâte de plus en plus. Nous approchons du
détroit de Bab-el-Mandeb, et, bien que, de loin en loin, des
îlots apparaissent, nous abritant momentanément du vent,
notre paquebot embarque **des** lames à peu près toutes les
cinq minutes.

Et, détail à remarquer, les assauts des lames se répètent
par séries consécutives de trois. Il y a là une régularité
difficile à expliquer, mais très réelle néanmoins.

Nous approchons de Périm, îlot appartenant depuis 1840
à l'Angleterre et commandant en quelque sorte, la sortie du
détroit.

On sait comment les Anglais s'emparèrent de Périm.

En 1839, ils avaient pris possession d'Aden, sur la côte

d'Arabie et, pour répondre à cette occupation de territoire, nous avions expédié dans la mer Rouge un cuirassé avec mission de s'emparer du rocher de Périm, situation stratégique de premier ordre sur la route des Indes.

Le commandant français venant de l'Extrême-Orient eut la fâcheuse idée de s'arrêter à Aden. Il y fut reçu par le gouverneur anglais de la façon la plus courtoise. Dîner, réception, soirée de gala, etc., rien ne manqua à notre representant, et ce dernier, charmé de cette hospitalité superbe, crut devoir, au cours de la fête, dire confidentiellement au gouverneur anglais :

— Savez-vous pourquoi je suis à Aden aujourd'hui ?

Le gouverneur anglais répondit naturellement qu'il l'ignorait.

— Eh bien, continua le commandant français, vous avez pris Aden où vous êtes installés magistralement aujourd'hui ; moi, demain, j'irai prendre Périm.

Le gouverneur sourit sans répondre et parla d'autre chose. Au cours de la soirée, il s'absenta un instant, puis revint, et la fête se prolongea jusqu'au jour.

Le lendemain, dans l'après-midi, le cuirassé français arrivant à Périm constata avec étonnement que l'îlot était occupé par des soldats anglais

Le drapeau britannique flottait au sommet du rocher dominant la rade.

Notre envoyé apprit alors avec stupeur que le gouverneur d'Aden, mis au courant des idées de la France par le trop confiant envoyé de celle-ci, s'était empressé de donner des ordres, afin de nous devancer de quelques heures dans la conquête de cet îlot, position stratégique — nous l'avons dit plus haut — d'une importance considérable.

S'il y avait une moralité à tirer de cette histoire, nous pourrions la formuler en rééditant le vieux proverbe : « Avant de parler, il est prudent de tourner sept fois sa langue dans sa bouche. »

C'est grâce **au bavardage** intempestif d'un officier de marine que l'îlot de Périm, clef de la mer Rouge, nous a échappé.

Si la **parole est parfois d'argent,** bien souvent le silence est d'or.

* *

Une tempête dans la mer Rouge n'est point chose commune. Nous ne **nous** attendions pas à naviguer dans les eaux resserrées de cette mer d'une façon aussi calme que dans les traversées des détroits de Bonifacio et de Messine; cependant, nous pensions trouver, comme maximum, la forte houle du lac de Genève, les jours où le vent souffle en ouragan.

Au lieu du mouvement **un peu accentué** dont nous limitions placidement l'intensité, nous avons eu la tempête dans toute son ampleur, avec les lames de fond secouant le navire et produisant dans une fusion simultanée du tangage et du roulis ce qu'on appelle, en langage de bord : « le coup de casserole ».

Aussi, nombreux sont les malades. **Le** service du dîner de six heures réunit à peine la dixième partie des passagers. Mes voisins de droite et de gauche ont disparu On ne peut même pas faire circuler, de la main à la main, la salière ou le moutardier, tellement les rares convives se trouvent espacés.

Pour causer avec le dîneur le plus proche, on est obligé de prendre une voix d'orateur de réunion publique.

De temps en temps, quand s'ouvre une des portes donnant sur le large escalier, un paquet de mer descend en cascade le long des marches, et les hommes de service sont dans la nécessité de développer toute leur force musculaire pour arriver à repousser le battant malencontreusement ouvert. Nous tanguons furieusement, cramponnés de la main gauche à la table sur laquelle des cordes tendues soutiennent assiettes, verres et plats.

Ceux qui dressent le couvert de cette façon appellent cela : « mettre les violons ». Toutefois, ces violons-là ne font pas de musique, ce qui ne nous empêche pas de danser.

Nous en étions au dessert, lorsque tout-à-coup — ô surprise — un des passagers, M. Boniface Bollard, docteur ès sciences, membre correspondant de l'Institut de France fit son apparition.

En proie au mal de mer depuis son départ, il n'avait risqué un pied sur le pont que pendant la courte traversée du détroit de Messine.

Aussi, ce fut pour tous une surprise.

M. Bollard, un peu pâle, un peu défait, mais néanmoins l'air vaillant, nous dit :

— J'ai vaincu le mal de mer! souffle le vent, chante la tempête! je suis désormais invulnérable.

Et il s'avança dans ma direction en trébuchant, s'accrochant à ce qu'il rencontrait à portée de sa main.

Enfin, après bien des efforts, il réussit à s'asseoir, et une fois consolidé, il cria au garçon :

— Faites passer le rosbif! mon estomac réclame des choses substantielles.

On l'interrogea avec curiosité.

— Comment! vous n'avez plus le mal de mer?

— Comme vous voyez!... garçon, apportez la sauce chasseur et découpez-moi une forte tranche de jambon, j'adore le jambon, même les jours de tempête.

Le médecin du bord écarquillait les yeux ; on se regardait, **et,** comme on n'avait pas de jumelles sous la main, on se rapprochait pour mieux voir et admirer de plus près M. Boniface qui jouait mélodieusement de la fourchette avec **un parfait mépris des « coups de casserole ».**

Le Dr Hantz interrogea notre savant :

— Auriez-vous par hasard trouvé un remède souverain contre le mal de mer ?

— Oui, Monsieur... Et la preuve, la voici :

En disant ces mots, M. Boniface piqua un morceau de viande d'un fort cubage, le porta à sa bouche, mâcha avec énergie, avala, se versa une rasade et reprit :

— J'ai le mal de mer rentrant. C'est incroyable comme le roulis me creuse !

— Et ce remède, questionna de nouveau le docteur, peut-on le connaître ?

Boniface s'arrêta, regarda le médecin avec un sourire malicieux et répondit :

— Avant de le révéler, je tiens à prouver son efficacité. Quand la démonstration aura établi par une série d'expériences l'efficacité du procédé, je vous l'indiquerai, mais pas avant. Je suis un esprit scientifique... Garçon ! le saladier !

A ce moment un violent coup de roulis coucha le navire sur tribord. Tout le monde s'accrocha à la table, et pendant deux ou trois secondes on se demanda si le paquebot n'allait pas se redresser.

Mais un coup de mer le releva lentement, et, après avoir décrit un arc de cercle d'une amplitude énorme, le bateau reprit sa marche oscillatoire.

— Fichtre ! dit quelqu'un. La mer n'a pas l'air de se calmer.

— Dans quelques heures nous serons en face d'Obock, dit le commandant, et nous entrerons ensuite dans la baie de Tadjourah, où nous trouverons des eaux plus calmes.

— Tant pis, tant pis, dit Boniface qui décidément devenait ironique. J'adore être fortement bercé en mangeant. Je vais être bien privé si la mer se calme.

On rit un peu des nouveaux goûts de M. Bollard.

Il en était au dessert et grignotait des noisettes avec une tranquillité parfaite.

Le médecin du bord avait bien l'intention de renouveler la question posée par le Dr Hantz au sujet du remède contre le mal de mer, mais M. Bollard venait de se lancer dans une savante dissertation sur la laitue, *lactuca sativa* qu'il déclarait préférer en salade à la tomate, *solanum lycopersicum*. Et il donnait des raisons tout à fait convaincantes à ce qu'il semblait croire.

Enfin, quand il s'arrêta, le médecin risqua une question :

— Sans vouloir vous faire dire votre secret, peut-on savoir comment vous avez pu découvrir un remède que tout le monde cherche depuis longtemps et que personne jusqu'alors n'a jamais pu trouver ?

— J'ai découvert la chose dans mon herbier, répondit Boniface.

— Vous ne comptez pas conserver pour vous seul ce remède ?

— Non, mais je tiens à l'établir, je vous l'ai dit, par des expériences faites au cours de deux ou trois tempêtes. Alors, quand l'excellence en aura été démontrée pratiquement d'une façon irréfutable, je ferai connaître mon secret à tous ceux qui voudront l'entendre.

— Je prends bonne note de la promesse, dit le docteur. Néanmoins, si vous vouliez dès maintenant appliquer votre découverte à nos passagers malades, vous leur rendriez un joli service.

— A quoi bon ! nous serons à l'abri dans quelques instants.

Et puis, dit en souriant le savant, le maître d'hôtel ne m
le pardonnerait pas.

— Voilà une singulière considération, dit quelqu'un.

— Elle n'est pas invoquée par moi sérieusement, reprit
M. Boniface. La vérité est que je ne pourrais guère soulager
plus de trois ou quatre personnes. Les éléments entrant dans
la composition de mon remède me manquent. Alors, plutôt
que de faire des jaloux... vous comprenez.

On ne savait trop si M. Boniface plaisantait; néanmoins
on n'insista pas, le voisinage de Tadjourah rendant à peu
près inutile pour l'instant un remède dont on n'aurait plus
à se servir dans quelques heures.

Néanmoins, avant l'entrée dans des eaux moins agitées,
quelques dîneurs se rendirent dans leur cabine, pensant
sans doute qu'une tentative de digestion dans la position à
peu près horizontale présentait plus de garantie que d'attendre,
debout, les suites de la lutte entre l'estomac et le roulis.

*
* *

La ville de Djibouti, tête de ligne des caravanes allant au
Choa, et centre commercial de la côte des Somalis, est placée
à l'entrée du golfe de Tadjourah, en face de la ville de ce nom.

La rade est superbe et d'un aspect grandiose. Malheureusement, la profondeur ne répond pas à la largeur.
et les grands paquebots sont obligés de jeter l'ancre à une
assez grande distance de la côte.

C'est même pour avoir oublié cette particularité que
l'*Oxus*, se rendant à Madagascar, s'échoua en face de Djibouti,
il y a quelques années.

Aucun passager ne fut noyé, mais on dut décharger com-
plètement le navire pour le renflouer.

Cet accident ne devait pas nous arriver, Dieu merci, mais c'est à trois kilomètres de la côte Somali que stoppa le paquebot.

Les passagers descendirent dans leur cabine pour s'armer d'ombrelles et de parasols avant de descendre à terre.

Des pirogues d'aspect inquiétant par leur manque de stabilité circulaient autour du navire.

C'est dans ces esquifs que nous devions nous embarquer pour nous rendre à terre. La tempête du large était venue s'éteindre dans la rade, sous la forme d'une houle désagréable. Bon nombre de passagères hésitaient à descendre. Plus courageux, la plupart des passagers se risquèrent.

— Il n'y a pas plus de sept mètres de fond, dit quelqu'un auprès de nous.

Douce consolation pour ceux qui auraient craint de se noyer par de grandes profondeurs.

CHAPITRE III

LES RAMEURS SOMALIS. — LES MÉSAVENTURES D'UN TAILLEUR. — LES
CAFÉS DE DJIBOUTI. — AVATARS D'UN FIACRE ANTIQUE. — LE
CHAMEAU PORTEUR D'EAU. — LA VILLE INDIGÈNE — M. POLLARD
FAIT UNE NOUVELLE DÉCOUVERTE.

Me voici plus ou moins confortablement installé dans une
pirogue en compagnie d'un habitant de Djibouti, qui retourne
à terre après avoir apporté je ne sais quelle commission à
une personne du bord.

Quatre Somalis tiennent les rames. Ils nous avaient fait
des signaux, alors que du pont du navire nous les regardions
évoluer sur l'eau, avec leur aspect de diables noirs se jouant
des vagues.

Les rameurs souquent avec vigueur et, après chaque effort,
nous embarquons régulièrement un paquet de mer. Il semble
constamment qu'on passe sur une barre de sable. Nous rece-
vons des embardées inquiétantes. Nous pourrions pêcher à
la ligne dans le fond du bateau si, toutes les cinq minutes,

un Somali ne prenait la peine de vider la pirogue avec ses pieds.

Le mouvement est tout à fait gracieux.

L'indigène se renverse, le dos appuyé à une des traverses, les bras étendus afin de se cramponner des deux mains à chacun des bords de la pirogue. Puis il donne de violents coups de jarret, les pieds faisant l'office de pelle, et rejette ainsi à la mer quelques seaux d'eau salée qu'elle nous rend d'ailleurs presque aussitôt, avec une abondance nous faisant regretter l'absence de caoutchouc et de longues bottes.

Pour ma part, j'aurais accepté un scaphandre, malgré la chaleur du soleil encore augmentée par le rayonnement de la mer.

L'habitant de Djibouti reçoit la série d'aspersions avec une tranquillité prenant sans doute sa source dans une longue habitude.

Quand, après quarante minutes de cette navigation quasi sous-marine, nous mettons enfin le pied sur la terre ferme, mon compagnon et moi semblons deux êtres tout à l'heure immergés et sortant de l'onde ruisselants comme des dieux marins.

Les Somalis sourient de toute la largeur de leur bouche armées de longues dents blanches. J'ai le sentiment très net qu'ils considèrent cette petite traversée mouvementée comme une revanche sur l'Occidental venant promener son veston européen sur des rives faites pour ignorer ce genre de costume.

Enfin, nous nous secouons comme des barbets, je paye le prix de la série de douches reçues au cours de cette promenade humide, et nous nous dirigeons vers le grand café du Louvre, dont nous distinguons l'enseigne à distance.

— Sommes-nous assez mouillés ! me dit mon camarade de bain, ces animaux-là n'en font jamais d'autres.

— Ils mouillent leurs clients, dis-je, mais ils en reçoivent les éclaboussures.

— Pour ce qu'ils en risquent, répondit l'habitant de Djibouti. Vous avez pu voir comme moi la simplicité de leur costume; une bande de cotonnade de trente à quarante centimètres de largeur et de deux mètres de longueur. A six ous le mètre, leur costume complet leur coûte douze sous... vec la façon! Ah! quelle singulière idée j'ai eue de venir ans ce pays.

— Il y a longtemps que vous y êtes installé?

— Bientôt un an. Et jugez du flair dont j'ai fait preuve, j'étais tailleur de mon état quand j'ai quitté la France.

— Vous espériez donner des leçons de coupe aux Somalis?

— Pas du tout, mais je comptais leur faire prendre l'habitude de costumes moins simplistes.

Si je n'avais pas trouvé un emploi dans une autre direction, je ne sais pas trop si je pourrais même m'offrir un costume de saison du genre du leur!

— Leur coiffure est plus luxueuse que le reste du vêtement, fis-je observer.

— C'est juste, mais ils n'en sont pas encore au chapeau haut de forme, comme certains chefs nègres de l'intérieur de l'Afrique. Ils se contentent, pour l'instant, d'un turban de couleur roulé autour du front et se terminant sur la tête par un nœud en cocarde. En voilà une mode!

Je laisse le tailleur transi à ses réflexions amères, et je m'arrête un instant devant le château de M. le gouverneur.

Ce monument de l'art Somali se détache au milieu de bâtiments à toits plats, éparpillés au hasard sur un banc de sable, sorte de blocs de craie se dressant sur le sol nu, sans que la moindre trace de verdure en vienne tempérer l'aspect attristant.

En approchant, nous distinguons mieux les détails de ce palais, unique en son genre.

Le château de son Excellence M. Lagarde, duc d'Antoto, ministre plénipotentiaire près Sa Majesté l'Empereur Ménélick, tient à la fois de la cage à singes et du colombier.

Les trois corps d'habitation sont bâtis en planches et en pierres ponces, le tout badigeonné à la chaux.

De loin, cette bicoque cherche à donner l'impression d'un manoir féodal.

En réalité, c'est un poulailler, nouvelle variante de l'histoire des bâtons flottants :

De loin c'est quelque chose, et de près ce n'est rien.

Le parc de M. le gouverneur répond à la baraque. Il comprend quatre palmiers nains et pas une plante, pas un brin d'herbe en plus.

Un horticulteur est préposé à l'entretien de cette végétation, tropicale par sa situation géographique, mais, en réalité rachitique, anémiée, sans vigueur, dans ce sol aride, et destinée, malgré le jardinier dont l'unique instrument est un arrosoir, à mourir prochainement, grillée, roussie, carbonisée par un soleil implacable.

La place principale de Djibouti est assez pittoresque. On y voit des troupes de chameaux préposés aux usages de la vie publique.

Les uns portent les colis débarqués des paquebots, d'autres traînent des tonneaux d'eau fraîche destinée à l'alimentation, partout le doux animal bossu est employé par les indigènes.

Il existe à Djibouti *une voiture de place !!!*

Cette guimbarde antique, qui tient à la fois du fiacre, de la carriole et de la patache, est traînée par deux chevaux dont la maigreur apocalyptique ferait pousser un gémissement douloureux au propriétaire d'une boucherie hippophagique.

Le cocher était ce jour-là un ancien soldat du bataillon d'Afrique, échoué à Djibouti, on ne sait ni pourquoi ni comment. Nous le hélons, en le priant de nous conduire à travers les rues(?) de la ville. Il accepte, et nous lui demandons son tarif.

Ce dernier est immuable, intangible et irréductible. C'est trois piastres l'heure quand on est seul (la piastre vaut

PALAIS DU GOUVERNEUR A DJIBOUTI.

environ 2 fr. 50), c'est encore le même prix quand on est deux, et on a le droit de faire monter dans ce véhicule, dont les ressorts n'en risquent plus rien, deux ou trois amis, à titre gratuit.

Explication éblouissante signifiant qu'en réalité, à raison de trois piastres l'heure, on peut s'entasser à quatre ou cinq dans ce véhicule.

Enfin nous partons cahin-caha; les chevaux prennent un petit trot de famille qui ne doit guère dépasser 4 kilomètres à l'heure. Avec cet équipage, nous en aurions pour une semaine à aller de Paris à Versailles.

Le cocher, qui n'a pas beaucoup l'occasion de converser, nous raconte l'histoire de ses deux chevaux.

Il paraît que ces deux maigres haridelles ont figuré, vingt ans auparavant, avec une allure avantageuse, sur des champs de course français.

Ils ont même gagné des **prix, ajoute l'automédon, qui doit être un peu méridional.**

On ne le dirait pas!

De temps en temps le cocher crie : Hue! mais comme il n'a pas de fouet et que peut-être les nobles descendants des purs sang d'autrefois sont sourds comme de vieux pots, les braves bêtes n'en mettent pas un sabot plus vite devant l'autre.

Elles vont leur petit bonhomme de chemin, indifférentes aux sollicitations, rétives aux excitations, méprisant les encouragements autant que les injures.

Elles n'ont plus d'amour-propre!

— Des purs sang, Messieurs! hurle le cocher... si c'est pas une honte!

Lui est peut-être honteux, mais ni les chevaux, ni nous, ne semblons l'être

⁂

La grande place de notre port d'Éthiopie est encadrée par quelques habitations européennes. Il y a là le bâtiment de la poste, au sommet duquel flotte un drapeau tricolore, et le Trésor, baraque comportant quatre murs percés de deux croisées et d'une porte au-dessus de laquelle s'étale en caractères prétentieux l'indication : *Trésor*.

La poste vend des timbres d'un dessin spécial, et par suite très recherchés des collectionneurs. Le budget du protec-

torat trouve dans la vente annuelle de ces timbres une quarantaine de mille francs, recette fort appréciable.

Le café du Louvre, l'Hôtel de France et l'Hôtel des Arcades
offrent aux voyageurs séjournant à Djibouti : bon gîte,
consommations passables et souper suffisant.

La ville indigène est des plus curieuses. Il y a là une
agglomération de cases rustiques, bâties sur un modèle uniforme et qui n'a pas dû fatiguer beaucoup le cerveau de
l'architecte en ayant eu le premier la conception.

GROUPE DE SOMALIS A DJIBOUTI.

Ce sont des cabanes en paille, consolidées avec des
branches d'arbres et ayant pour la plupart une ouverture
unique : la porte.

C'est par là qu'entrent l'air et la lumière; et c'est dans
l'ombre de ces intérieurs humides et malsains que grouille
toute une vermine variée allant du rat au pou, en passant
par l'araignée.

Cinq ou six mille indigènes se logent dans ces antres, et
tout cela sort des cases à l'arrivée d'un paquebot, piaillant,
criant, s'agitant et donnant l'impression d'une fourmilière

humaine laborieuse et active, impression toute superficielle d'ailleurs et sur laquelle il ne conviendrait pas d'échafauder un jugement.

Les naturels de Djibouti — nous parlons des hommes — ont des tendances à la coquetterie. Les *pschutteux* de l'endroit se teignent les cheveux avec de la chaux: il en résulte des tignasses d'un roux sale tirant sur la couleur « queue de bœuf ». Il paraît que cette teinte est tout à fait irrésistible.

De la terrasse du café du Louvre, où nous nous trouvions depuis un instant, nous regardions le mouvement de la foule indigène circulant, affairée; les uns poussaient devant eux des ânes ayant perdu leur couleur d'origine, sous l'influence des poussières entassées, adhérentes et superposées par couches, les autres marchaient à côté de chameaux chargés de bois ou de sacs de grains, lorsque nous aperçûmes, au tournant de la rue débouchant sur la place, M. Boniface Bollard.

Notre savant marchait l'air soucieux, les lunettes sur le nez, et observant avec attention une chose qu'il tenait dans la main gauche et dont nous ne pouvions pas, à distance, deviner le caractère.

En levant les yeux, il nous aperçut et vint à nous.

— Figurez-vous, nous dit-il, que dans ce pays où rien ne pousse, je viens de découvrir, le long d'une palissade, une plante qui, jusqu'alors, m'avait paru appartenir à peu près exclusivement aux régions avoisinant la côte occidentale d'Afrique.

C'est une apocynée connue en botanique sous le nom *strophantus hispidus*. Je suis ravi, ajouta-t-il.

— Et quelles sont les propriétés de votre *strophantus?*

— C'est un véritable succédané de la digitale, dont elle a les propriétés caractéristiques. Et voyez, ajouta Boniface, il n'y a pas à s'y tromper, les fruits ressemblent à deux cornes de bœuf remplies de graines. Ces dernières sont surmontées d'une aigrette. Aucune erreur de classification n'est possible.

L'explication du savant, en extase devant sa découverte, ne provoquait pas en nous la même impression, et il s'en aperçut.

— Vous n'êtes pas ému? interrogea-t-il.

— Pas du tout.

— La *strophantus hispidus* ne vous dit rien ?

— Comment ! elle parle ?

— J'entends ne dit rien à vos esprits ?

— Rien du tout, et vous savez, M. Boniface, j'ai beau interroger mon cœur, il ne palpite pas du tout.

— S'il palpitait, c'est alors que mon apocynée vous rendrait service, repartit Boniface. Je vous ai dit que cette plante avait les propriétés de la digitale. Mais, continua-t-il, je vois bien que vous n'appréciez pas mon intéressante découverte. Vous êtes des profanes.

— Traduction polie pour ne pas dire : des ignorants.

— Je n'aurais pas employé ce dernier mot, reprit gravement Bollard, parce que, ignorants, nous le sommes tous... Il y a toutefois des degrés dans l'ignorance.

— Et en botanique nous approchons du zéro, dit quelqu'un.

— Mon cher Monsieur, vous vous connaissez mieux que je ne vous connais. Je n'aurai pas l'impertinence de vous contredire.

Et notre savant, riant de sa malice, s'assit auprès de nous, non sans avoir préalablement déposé dans la boîte en fer blanc, suspendue à son côté, la précieuse plante qui lui faisait la surprise de venir promener ses graines sur la côte orientale d'Afrique, alors qu'elle était classée comme appartenant à l'autre versant du continent africain.

[* *]

En rentrant à bord, nous avons un spectacle original.

Une douzaine de jeunes Somalis nageant autour du paquebot plongent pour aller chercher les pièces de monnaie
jetées à la mer par les passagers.

Rien ne peut donner une idée de l'aisance avec laquelle
ces indigènes nagent, se soutenant sur l'eau pendant plusieurs heures sans avoir l'air d'en éprouver la moindre
fatigue.

Aussitôt qu'une pièce de monnaie tombe dans l'eau, les
nageurs les plus proches font une cabriole et, la tête en bas,
donnent un vigoureux coup de jarret pour se lancer vers
les profondeurs.

Après quelques secondes d'immersion, ils reparaissent,
la pièce d'argent à la main, et, d'un geste de chiqueur, se la
placent entre la joue et les gencives.

. . . .

A deux heures de l'après-midi nous appareillons, et peu
après nous nous éloignons de Djibouti, qui n'est bientôt
plus qu'une ligne noire dont les maisons blanches semblent
une volée de mouettes posées au bord de la mer.

Nous naviguons dans le golfe d'Aden.

Peu de tangage, point de roulis.

Le soir vient, et sur le pont du navire on danse au son du
piano fêlé, sur lequel s'exerce un jeune Hollandais, familier
de la touche d'ivoire.

A ce sujet, je risque une remarque dont mes concitoyens
pourraient faire leur profit.

J'ai déjà beaucoup navigué et j'ai eu, à chaque voyage,
l'occasion de constater une des lacunes de notre système
d'éducation.

Notre instruction est généralement assez étendue, mais on néglige trop, chez nous, les arts d'agrément.

A toutes les fêtes données à bord des paquebots sur lesquels je me suis trouvé, le piano a toujours été tenu par un Allemand, un Anglais ou un Hollandais.

Je ne dirai pas que mon patriotisme en a souffert, mais j'ai souvent regretté de ne pas voir mes compatriotes fournir leur appoint dans ces petites cérémonies artistiques.

⁂

La cloche du bord sonne minuit. Peu à peu, le pont devient désert ; les passagers regagnent leur cabine, et, dans la nuit claire, brille à l'horizon austral la constellation de la Croix du Sud.

CHAPITRE IV

DANS L'OCÉAN INDIEN. — UN BRUSQUE ARRÊT A 1.500 KILOMÈTRES D'UNE TERRE. — LA CEINTURE DE SAUVETAGE. — EXPLICATION RASSURANTE. — A COLOMBO. — LA PAGODE DE KÉLANI.

De Djibouti à l'île de Ceylan, **la route est** longue. Huit jours de navigation séparent la côte africaine de la perle des Indes, ainsi qu'on appelle ce merveilleux coin de verdure, où toute la végétation des tropiques s'épanouit dans une splendeur de rêve, faisant de **Ceylan une** sorte d'oasis au milieu de l'océan.

Le tangage et le roulis, depuis **la sortie du détroit de Bab**-el-Mandeb, s'étaient faits berceurs. Le paquebot fendait l'azur des flots avec une majestueuse tranquillité et, n'était la trépidation causée par l'hélice, on aurait pu se croire, à de certains moments, sur ce qu'on appelle communément « le plancher des vaches ».

M. Boniface trouvait même cette navigation monotone.

Depuis qu'il se savait garanti contre le mal de mer, il rêvait de bourrasques, d'ouragans et de typhons.

Patience, M. Boniface! Dans quelques semaines, en montant au Tonkin, nous ferons connaissance avec la mer de Chine, et vous aurez plus d'une fois l'occasion de regretter le pacifique Océan Indien.

*

Deux jours après avoir quitté les eaux de la mer Rouge, nous avons eu la légère émotion d'un brusque arrêt en plein Océan, à 1.500 kilomètres de la plus voisine des îles Maldives.

Un boulon d'une pièce de la machine s'était brisé. Il fallut stopper, et, pendant que s'effectuait la réparation, nous eûmes l'agrément de voir circuler autour du paquebot deux requins aux aguets, espérant sans doute une proie comme on leur en lance parfois en mer, quand on a à faire glisser par un sabord le corps d'un homme mort pendant la traversée.

En pareil cas, le navire s'arrête, une rapide cérémonie funèbre a lieu, et le cadavre est jeté dans les flots avec un boulet aux pieds afin de l'empêcher de flotter à la surface des eaux. Précaution souvent inutile, car le corps n'est pas descendu à dix mètres qu'il est presque toujours happé par un des poissons voraces comme en recèlent tant les profondeurs de la mer indienne.

La réparation faite à la machine, le paquebot se remit en marche, et la vie du bord, un instant troublée, reprit paisible, uniforme, plus fatigante par sa monotonie que par les brusques secousses résultant des trépidations données par l'hélice que le tangage faisait de temps en temps sortir de l'eau.

Le 31 janvier, par 6° de latitude nord, on imagina de faire une fête à bord, au profit des orphelins de la marine. Cette pensée charitable obtint un plein succès.

L'équipage du paquebot organisa une immense caravane avec exhibition d'ours et de chameaux. Le cortège fit le tour du paquebot, s'arrêtant fréquemment pour donner au cornac des quadrupèdes, « présentés en liberté », le temps le glapir avec accompagnement de cornet-à-bouquin un boniment de circonstance d'un effet des plus comiques. Puis, sur l'arrière, il y eut une représentation un peu « chatnoiresque », avec chansons, monologues, morceaux de piano et solo de flûte.

Conclusion : 1.320 francs pour la caisse des orphelins.

Cette nuit-là, on se coucha vers trois heures du matin, et c'est à peine si, vers la fin de la fête, on s'aperçut que de lourds paquets de mer tombaient sur l'avant, poussés par la mousson Nord-Est (on prononce en langage marin *Nordet*), habituelle en ces parages à cette époque de l'année.

* *
*

Le lendemain de cette soirée, vers huit heures du matin, un marin entrant dans ma cabine vissa hermétiquement la plaque de bronze du hublot, ce qui me mit dans la nécessité de faire appel à la lumière électrique pour ne pas être plongé dans une obscurité complète.

Il m'avait bien semblé que nous roulions fortement; de temps en temps, j'avais vu des vagues sauter le long de la vitre épaisse du hublot, mais la réputation de l'océan Indien avait éloigné de moi toute idée de tempête.

— C'est un grain? demandai-je au marin se livrant à l'opération du vissage de la plaque en métal.

— **Pour l'instant,** oui Monsieur, ça n'est qu'un grain, mais ça changera peut-être de nom dans la journée, me répondit le matelot avec un sourire gros de promesse.

A ce moment passait devant ma **porte un** loustic du bord qui disait à quelqu'un :

— Ceux qui aiment la danse **vont être servis** !

J'ai le rare privilège de supporter admirablement la mer, alors même qu'elle manifeste **les accès** d'une mauvaise humeur des plus accentuées.

J'ai connu des tempêtes de sept **jours, des cyclones** de quarante-huit heures, la grande valse furieuse sur les flots déchaînés, et j'ai eu, en ces diverses circonstances, l'avantage de constater que, si je perdais parfois l'équilibre, je conservais néanmoins une parfaite quiétude dans le maniement de la fourchette et un estomac ignorant les inconvénients du mal de mer. Aussi l'annonce de la tempête ne me troubla-t-elle point.

Toutefois, un moment après cette première visite, j'en reçus une autre qui me produisit une impression plutôt désagréable.

Un des officiers **du** bord pénétra dans ma cabine et me demanda, avec la plus exquise politesse, si je savais me servir d'une ceinture de sauvetage ?

— Pas du tout, lui répondis-je.

— Dans ce cas, je vais **vous** envoyer un matelot pour vous apprendre la manière de placer les lièges.

— Comment! on prévoit **qu'il** sera nécessaire de mettre des ceintures ?

— Pas du tout, **mais comme on a** oublié, au départ, d'initier les **passagers** à cette petite manœuvre, on le fait aujourd'hui.

A ce moment, des exclamations retentirent dans une cabine voisine.

CHARRETTES A BŒUFS A COLOMBO

C'était **un paquet de mer qui venait d'entrer, sans se**
faire annoncer, chez M. Pulicani, l'agent des postes et je
l'entendis qui criait à son garçon de service :

— Fermez donc mon hublot, tonnerre de sort ! Vous
laissez entrer des baleines chez moi, maintenant. Je n'ai
pourtant pas commandé de bain de pied ce matin.

Puis, dans d'autres directions, **je perçus des cris**, des
plaintes, des appels.

L'officier avant de se retirer me dit :

— C'est la petite leçon relative au placement de la ceinture
de sauvetage qui trouble les passagers. Quelques-uns
s'imaginent sans doute que nous allons sombrer.

— Vous auriez peut-être pu choisir un autre moment
pour faire vos démonstrations, fis-je observer.

— On ne songe pas à tout ! répondit l'officier en s'éloignant.

Dix minutes après, **un brave** Mathurin venait me donner
la leçon annoncée, expliquant sa présence par ces mots dits
avec une simplicité dont j'appréciai vivement le charme :

— Dans des coups de tampon comme celui qui se mijote,
on ne sait jamais si on n'ira pas faire du bouillon au fond de
la grande tasse. Alors... Vous comprenez?...

— Très bien, fis-je sans insister. Mais lui reprit :

— Avant de filer comme un gredin dans les bas-fonds, la
quille en l'air, vaut **toujours** mieux essayer de flotter un
peu.

— C'est tout à fait **mon avis**.

— Ça fait passer un petit moment supplémentaire **sur**
notre belle planète, continua-t-il avec bonhommie.

Tout en me prodiguant ses réconfortantes appréciations,
mon Mathurin se passa la ceinture, m'indiquant que c'était
non point autour des reins, mais sous les bras qu'il fallait
se placer l'appareil. Puis, la leçon terminée et en se débarras-

sant des tablettes de liège, il reprit avec un dédain non dis-
simulé :

— N'empêche que c'est toujours pas avec ce colifichet-là
que vous aborderiez jamais quelque part si nous coulions
aujourd'hui ; nous sommes à plus de trois jours d'une terre
et encore en filant seize nœuds à l'heure. Aussi, continua le
bavard, **supposez une supposition comme** qui dirait un nau-
frage !

C'que nous serions fichus,
Lanturlu !

— **Dites-moi, lui** demandai-je, est-ce que vous tenez ce
langage rassurant à tout le monde ?

— J'ai pas encore parlé ce matin, répondit le matelot.

— Tous mes remerciements de m'avoir réservé la primeur
de vos sages conseils.

Le Mathurin, qui allait sortir, s'arrêta **sur le** seuil de la
cabine et me dit :

— Je crois que vous vous moquez de moi ! Enfin, reprit-il
avec un mouvement d'épaules, si ça vous amuse, allez-y,
j'ai bon dos !

Un instant après, je l'entendis entrer dans la cabine à côté,
et à travers la cloison le son de sa voix un peu claironnante
me parvint :

— Dans des coups de tampon comme celui qui se mijote...

Je compris que le marin instructeur rééditait, dans la
même forme, son petit discours de tout à l'heure.

Six jours après, **nous étions à Colombo.**

Les voyageurs qui se rendent aux Indes, en **Chine** ou en

Océanie, font généralement relâche dans ce port, situé sur la côte occidentale de l'île de Ceylan.

J'ai compris, après quelques heures de promenade à travers ce pays d'Eldorado, pourquoi tous ceux qui ont écrit leurs impressions sur ce coin de l'Inde se sont extasiés en en décrivant les merveilles.

Il est, en effet, difficile de trouver, même dans cette zone équatoriale où la nature distribue, sans compter, toutes les richesses d'une végétation inconnue en Europe, endroit plus séduisant, plus captivant que cette admirable côte de Ceylan.

Là, les arbres font aux promeneurs des dômes de verdure, et, dans le feuillage des cocotiers et des bananiers aux larges feuilles, des myriades d'oiseaux minuscules gazouillent et lancent d'une façon presque ininterrompue des fusées de trilles joyeux. Des senteurs étranges, des parfums inconnus semblent sortir de terre; la brise qui passe a la douceur d'une caresse, et apporte au promeneur les effluves des fleurs dont elle vient de faire frissonner les pétales.

Sur le bord des rivières et des étangs, les lotus se balancent, bercés par le vent qui passe, et, un peu partout, l'*hibiscus*, la fleur rouge de l'Inde, troue d'un éparpillement de rubis les profondeurs de cette verdure tropicale.

*
* *

La rade de Colombo ne permet pas aux grands paquebots d'aborder « à quai », et il faut faire environ deux ou trois kilomètres en barque pour arriver au ponton.

A peine quittions-nous la chaloupe, que deux indigènes parlant un charabia ressemblant vaguement à un patois français, nous accostent pour nous proposer leurs offices d'interprètes.

Nous acceptons l'un d'eux comme cicérone, **et nous** nous faisons conduire à la poste dans un *pousse-pousse* traîné par un indien. Notre guide suit, en trottant.

Le pousse-pousse est une petite voiture basse à une place ; le quadrupède qui traîne nos véhicules européens est, ici, remplacé par un bipède qui **remorque son** voyageur au pas gymnastique.

Bon nombre de passagers du paquebot usent de ce moyen de locomotion, et c'est une course joyeuse à travers les rues de Colombo. On se reconnaît, on se salue au passage en échangeant **un** propos gai, et tout le monde se retrouve à la poste.

Dans l'île de Ceylan, notre monnaie n'a pas cours. On doit convertir ses pièces d'or ou d'argent en roupies (la roupie vaut 1 fr. 70) ; généralement, on prend 0,60 de change pour 20 francs.

Comme monnaie divisionnaire, il **y** a le cens, qui vaut 1 centime 7. Cent cens font une roupie ; l'affranchissement, des lettres à destination de l'Europe est de 15 **cens**, soit 25 centimes 5.

En sortant de la poste, nous parcourons Colombo dans notre pousse-pousse, et, par suite d'un rendez-vous général, nous nous rencontrons en groupe à l'Hôtel Oriental. On nous a indiqué comme curiosité la promenade de Mont Lavignia, point pittoresque se trouvant à moins de douze kilomètres de la ville. On projette d'aller dîner là-bas et de visiter, en passant, la très curieuse pagode bouddhique de Kélany.

Quelques-uns d'entre nous conservent leur véhicule à une place. Nous préférons recourir à un mode de locomotion plus rapide, et nous prenons un *malabar*, voiture à quatre places traînée par un cheval cingalais.

La route qui conduit à Lavignia est admirable. Toute la

végétation de l'île s'y rencontre, et c'est avec un véritable sentiment de plaisir que nous nous reposons les yeux sur cette verdure touffue faisant flotter au-dessus de nos têtes un ondoyant écran de feuillage, nous protégeant contre les rayons du soleil.

Le sol est d'un aspect rougeâtre. C'est une terre argileuse et ferrugineuse. De temps en temps, sur le chemin, nous

rencontrons des chariots couverts, dont la carcasse supé·rieure est en paille tressée. Ces chariots sont traînés par des bœufs à bosse, de petite taille.

A 10 kilomètres de Colombo, notre cocher indien s'arrête et nous indique d'un geste que nous sommes arrivés au sentier conduisant au temple de Bouddha.

Nous nous engageons dans un chemin bordé de papayers, d'aréquiers et de cocotiers chargés de fruits. Un passant nous offre une chique de bétel.

Cette chique se compose d'une feuille verte contenant des morceaux de noix d'arèque et un peu de chaux.

Nous remercions, en déclinant cette offre gracieuse, et nous arrivons au seuil de la pagode.

Un bonze, gravement accroupi sous la voûte d'entrée, lit les saintes écritures dans un livre rédigé en langue pâli (dérivé du sanscrit) Il nous salue de la tête, mais ne se dérange pas. Un Indien parlant un peu l'anglais est chargé de nous conduire dans les divers pavillons composant l'ensemble de la pagode.

On nous montre ainsi le tombeau de Bouddha, sorte de cône d'aspect peu monumental et qui ne renferme nullement d'ailleurs le corps du grand Çakiamouny.

Bouddha a ainsi des tombeaux partout. Il ressemble en cela à la tête de ce saint qu'on trouvait dans un certain nombre d'églises catholiques d'Europe, au siècle dernier.

Dans une seconde salle nous voyons un Bouddha de 10 mètres de taille environ, couché sur le flanc et regardant vaguement la porte de ses yeux bleus, en faïence de Chine.

Sur un autel, la mère de Bouddha est représentée couchée sur une natte et s'offrant aux prières des croyants qui viennent solliciter son intervention.

Sur les murs, tous les dieux brahmanistes : Syva, Rama et Vichnou s'inclinent devant le Bouddha, dont ils reconnaissent la supériorité.

Au seuil du temple, des pièces de monnaie sont fixées sur le sol en mosaïque. Néanmoins nous n'y voyons pas de pièces d'or, mais seulement de la monnaie d'argent. Le respect du culte bouddhique n'est pas incompatible avec le sentiment de l'économie.

Dans une autre pièce, des reliques du Bouddha sont conservées. On a de lui une dent creuse et un ongle du pied sacré, qui est le pied droit.

Un indien, à qui nous donnons le pourboire traditionnel (le batchich est de toutes les contrées) nous offre une « olle »

Je latanier, sorte de feuille de palmier, sur laquelle sont gra-
vés des préceptes de Bouddha en sanscrit. Nous acceptons
,e papyrus — ce sera un souvenir de notre visite à la pagode
singalaise de Kélany.

Avant notre départ, on nous fait goûter une noix de coco
royale, détachée de l'arbre principal dont le feuillage pro-
tège de son ombre l'un des côtés du temple.

Le lait de ce fruit ne nous paraît pas mériter la saveur
qu'on lui accorde assez volontiers dans les livres de voyage.

Il y a lieu toutefois de constater — et c'est une circonstance de nature à atténuer notre appréciation — que la
noix de coco dont on nous fait les honneurs a été longtemps
exposée aux rayons du soleil.

L'enveloppe est chaude et le liquide **aussi.**

J'espérais un breuvage glacé.

L'expérience se termine **par une grimace collective** des
invités.

Le bonze, pendant tout ce temps, n'a pas fait un mouvement.
Il reste accroupi, rigide, immuable dans sa position recro-
quevillée, se donnant ainsi **les allures du** Bouddha dont il
est l'un des humbles disciples.

Nous le saluons **en quittant la Pagode. Il** nous regarde
un instant, **de ses yeux bridés** qu'éclaire un sentiment de
malice, incline légèrement la tête et reprend sa lecture.

Il a dû juger du premier coup d'œil que nous n'étions pas de
l'étoffe des prosélytes, aussi ne se donne-t-il ni mouvement,
ni peine pour nous reconduire au seuil de sa demeure.

Il laisse ce soin au bedeau de la pagode, qui, lui, se confond en révérences et allonge une main qu'il creuse de son
mieux pour nous inviter à la remplir de cens et autres mon-
naies trébuchantes à l'effigie de la Queen.

Il nous remercie en malais ou en sanscrit, deux langues
que nous ignorons également et pendant que des enfants

nous apportent des hibiscus rouges et des roses blanches (toujours pour recevoir le batchich), nous voyons notre homme
aller rendre compte à son chef de la générosité des étrangers
et déposer à ses pieds une partie de la cagnotte. Le bonze
fait une grimace. Il paraît que la recette est maigre.

CHAPITRE V

A L'HÔTEL DE MONT-LAVIGNIA. — UN DÎNER INDIEN. — UN PRESTIDI-
GITATEUR. — UN NÉGOCIANT PARSI. — UNE CÉRÉMONIE RELIGIEUSE
DANS LA NUIT. — LE BATEAU-BALANCIER. — ARRIVÉE A SINGAPOOR.

En sortant de la pagode de Kélany, nous prenons la route
de Mont-Lavignia. Notre malabar va cahin-caha, et nous
remarquons que pas une seule fois pendant la route notre
cocher hindou n'a stimulé son cheval. Ce dernier trotte
doucement, d'un pas régulier, obéissant à la guide et ne
recevant ni coups, ni apostrophes, ni injures.

Les cochers de l'île de Ceylan ont des mœurs très diffé-
rentes de celles des cochers parisiens, et il nous semble bien
qu'au moins en ce qui concerne cette corporation la civilisation occidentale aurait grand besoin de s'inspirer un peu
des procédés en usage au pays des Cingalais.

4

**

A six heures du soir, nous arrivons à l'Hôtel de Mont-
Lavignia, point superbe d'où on domine l'Océan Indien, dont
les flots viennent mourir aux pieds de la colline. Le soleil
est déjà fort bas sur l'horizon. Ce n'est point l'heure du
crépuscule, car on sait que, sous les tropiques, le crépuscule
n'existe pas. Néanmoins nous voyons descendre lentement
le disque rouge qui s'engloutit peu à peu dans les flots de
la mer, et nous ne pouvons nous empêcher de penser : c'est
là-bas, dans cette direction, que se trouvent les êtres que
nous aimons; c'est là-bas qu'est la patrie, là-bas qu'est ce
beau pays de France que nous avons quitté tous avec un
serrement de cœur et que nous reverrons avec la joie des
êtres qui reviennent de contrées lointaines, où le ciel a
d'autres teintes, où tout ce qui vit, tout ce qui respire,
semble vivre et respirer dans un milieu différent de celui
que l'on a laissé.

**

Nous faisons à Mont-Lavignia un dîner mi-partie anglais,
mi-partie indien, en compagnie d'un de nos compatriotes qui
vient d'arriver en pousse-pousse.

La salle à manger très vaste, très haute de plafond, donne
sur la mer.

Tous les murs sont blanchis à la chaux, sans un ornement, sans un tableau.

Des colonnades en stuc soutiennent le plafond. Ces colonnades sont de style bâtard. Il y a de l'ordre corynthien, du
byzantin et de l'indien dans leur architecture.

On dîne par petites tables. Le service est fait par des hindous, dont la longue chevelure est retenue par un double peigne d'écaille, simulant une corne, au-dessus de leur front.

Ils mâchent un charabia dans lequel on démêle confusément de l'anglais, du français, du malais et on ne sait quoi encore.

Le menu vaut qu'on en cite quelques échantillons : On nous offre d'abord un potage aux légumes (*végétable soup*), puis des crevettes cuites au riz et entourées de patates. Du poisson de mer assaisonné à une sauce qui contient tous les piments de l'Inde Des tranches de filets de buffle marinées dans du vinaigre, ce qui leur donne une teinte anémiée, un salmis de perdrix résistant au couteau et à la dent, un « cabinet pudding » entouré de confitures d'abricots et de pêches, et le fruit du papayer, sorte de pastèque sucrée d'un goût assez agréable. Le dîner se termine par du fromage de Chester entouré de cresson (à Londres, on le mange avec du céleri) et des fruits variés : oranges, bananes, etc.

Vers la fin du dîner, un Cingalais nous offre, au clair de la lune, le spectacle de ses exercices de prestidigitateur. Il fait germer sous nos yeux, presque instantanément, une plante du sol, et, sortant ensuite d'un panier un serpent cobra, il se fait mordre à la langue et à la joue par le venimeux reptile à la morsure mortelle.

Cette fantasmagorie nous coûte une demi-roupie, soit 85 centimes ; notre sorcier indien manifeste par des courbettes sa profonde satisfaction.

En réalité sa plante à germination rapide était dans sa manche, et, quant à la morsure de son cobra, il est probable que le malin est depuis longtemps inoculé du sérum antivenimeux du docteur Calmette, sérum vulgarisé dans les régions indiennes par l'armée anglaise, qui s'en procure chaque année des quantités considérables à l'Institut Pasteur.

Entre temps, un parsi vient nous offrir des **pierres fines** d'une valeur extraordinaire. Il y a là diamants, rubis, œils de chat, etc... toute une variété rutilante et éblouissante. Il en demande mille roupies, soit 1.700 francs.

Un Hollandais se rendant à Batavia, et qui est un de nos camarades de bord, marchande le lot. Le Dr Hantz, médecin des colonies, qui, ayant beaucoup navigué, beaucoup vu, et beaucoup retenu, lui glisse à l'oreille : Offrez-lui deux roupies du tas, soit 3 fr. 40, et dites-lui d'aller se faire pendre ailleurs.

Notre Hollandais suffoqué croit à une plaisanterie. Le Dr Hantz, pour le convaincre, offre les deux roupies à l'Indien, qui s'en va furieux, scandalisé et manifestant son mépris pour des gens aussi peu sérieux

A neuf heures du soir, nous remontons en voiture pour nous rendre à Colombo; le paquebot doit partir pour Singapoor à quatre heures du matin.

Nous traversons un bois touffu, et des lucioles se jouant dans les branches semblent faire pleuvoir autour de notre voiture des myriades d'étincelles.

En sortant de cette forêt, nous sommes surpris de voir le long du chemin des torchères flambant dans la nuit et éclairant la route. Ces torchères sont plantées en terre, à 1^m,20 de hauteur environ. Elles se composent d'une tige de bois au sommet de laquelle une grosse noix de coco creusée et contenant de l'huile de coco fait l'office d'une torche.

Après quatre kilomètres de route, nous avons l'explication de cet éclairage nocturne.

A proximité d'un village cingalais s'élève, dans les bois, une église catholique. Les portes sont largement ouvertes et, dans le fond du sanctuaire, le maître-autel, brillamment éclairé, indique qu'on célèbre cette nuit-là (1er février) une cérémonie du culte. L'église est remplie d'Indiens et d'Indiennes parqués séparément de chaque côté de l'église. Tous sont à genoux, aucune chaise ne se trouvant là. Sur un des côtés du chœur, une douzaine d'Indiens chantent au lutrin, d'une voix nazillarde, accompagnés par un Hindou faisant gémir un violon.

Un missionnaire à longue barbe noire, un peu chauve, officie.

A MONT-LAVIGNIA.

Et c'est une chose curieuse et grandiose tout à la fois, que cette humble église en plein bois, ayant un nombreux public de fidèles recueillis et prosternés, écoutant les chants liturgiques avec la béatitude extatique de la foi.

Le missionnaire qui dessert cette église a eu à lutter contre les bonzes de Bouddha et contre les pasteurs anglicans. Il a su, néanmoins, à force d'efforts, convertir un village presque entier. Ce missionnaire est, nous dit-on, un croyant, basant toute son œuvre de propagation catholique sur la bonté, la charité, la tolérance et la patience.

Les missionnaires sont **d'ailleurs, en général, des hommes** dignes de tous les respects.

On peut ne point partager leurs croyances, mais il est difficile de ne pas s'incliner devant ces apôtres quittant à l'âge de vingt-cinq à vingt-six ans la France, leur patrie, sans espoir de retour, sans pouvoir se dire que dans un avenir même lointain, ils reverront les parents, les amis qu'ils ont laissés là-bas. Ils ont dit adieu pour jamais à tout ce qui les rattachait au sol natal, et ils sont venus parmi ces peuplades d'une civilisation si différente de la nôtre, pour y prêcher, pour y enseigner ce qu'ils croient être la vérité.

La destinée les a conduits dans des contrées lointaines; ils doivent y vivre et y mourir sans espoir de revoir un coin du beau ciel de la France. C'est la règle de l'ordre, règle cruelle, impitoyable et qui fait plaindre et respecter ceux qui ont eu l'atroce courage de s'y soumettre.

A onze heures du soir nous étions de retour à l'Hôtel Oriental de Colombo.

Dans le grand salon, des Anglais, en habits noirs et cravatés de blanc, faisaient danser gravement des Anglaises en toilette de soirée. Il en est ainsi tous les jours, les distractions n'abondant pas aux colonies.

Dans une salle voisine, d'autres Anglais en manches de chemises — on les sait sans-gêne — jouaient au billard.

Au salon de lecture, qui est de dimensions énormes, gentlemans et ladys lisaient et écrivaient dans un silence profond, contrastant avec le tapage des salles adjacentes.

Au moment où nous sortions de l'hôtel pour nous rendre à bord, un Indien déjà vu se précipita vers nous, et, abordant notre compagnon hollandais, lui étala sous les yeux un amoncellement de pierres fines.

— Deux roupies, proposa le Hollandais, qui avait fait son profit des indications du médecin colonial.

— Toi les prendre, monsi, répondit l'Indien avec un noble geste d'abandon suivi d'une empochade joyeuse et précipitée des deux pièces blanches.

— Trois francs quarante centimes au lieu de 1.700 francs ! ! !

Depuis un voyage fait en Grèce deux années auparavant, je ne crois pas avoir rien vu de plus stupéfiant que cette façon d'entendre le commerce.

Il était près de minuit lorsque nous songeâmes à regagner le paquebot. La nuit était douce, une véritable nuit d'Extrême-Orient.

D'un bout à l'autre de l'horizon, pas un nuage n'obscurcissait le ciel constellé de points d'or.

Une douce brise de mer succédant à la chaleur du jour nous apportait un frisson de caresse.

Avant d'être à bord, nous avions quatre kilomètres à faire en bateau-balancier.

Ce genre de navigation est tout à fait spécial. La barque mal équilibrée, et qui peut contenir cinq personnes, y compris les trois Indiens chargés de ramer, a pour contrepoids deux arcs-boutants ; quelque chose comme deux demi-cercles d'une immense barrique, cloués le long du bord gauche (bâbord) et distants entre eux de deux mètres environ.

Ces deux arcs-boutants vont du bateau à la mer, et ils se trouvent réunis à leur autre extrémité par une longue pièce

de bois faisant contrepoids à la barque et à son char-
gement.

Ce n'est pas d'une élégance extrême, mais il paraît que ce
système tient très solidement à la lame. La difficulté consiste
dans l'embarquement et dans le débarquement. Un geste maladroit, une glissade en descendant dans l'embarcation, et elle
se retourne, son balancier en l'air. Ce n'est pas le dernier mot
du confortable, mais nous n'avions pas l'embarras du choix.

BATEAU-BALANCIER.

Nous réussissons à nous embarquer sans accident ; maintenant, à la condition de remuer très peu, de ne se pencher
ni à droite ni à gauche, d'observer une position recroque-
villée, gênante et parfois douloureuse, il est permis d'espérer
arriver à destination, sans additionner le voyage d'un plon-
geon au fond de la rade.

Après une demi-heure de cette navigation originale, mais
dépourvue de charmes, nous accostions à l'escalier du *Calédonien*.

Une fois sur le pont du navire, nous nous regardâmes
avec satisfaction, et il y eut du soulagement dans le geste

avec lequel on s'allongea, un instant après, sur une chaise longue de l'arrière, en allumant un cigare.

Notre Hollandais, enchanté de son acquisition de pierres fines, les montra avec une certaine vanité au commandant.

— Je ne les ai payées que deux piastres, dit-il à ce dernier, avec le sourire du triomphe.

— Vous avez toujours bien été volé de moitié, répondit le commandant, après un coup d'œil expert jeté sur la camelote.

.•.

Nous doublons, le 6 février, à midi, la pointe Nord-Ouest de l'île de Sumatra, et nous voici naviguant depuis vingt-quatre heures dans le détroit de Malacca, par 97°,5 de longitude Est et 3°,3 de latitude Nord. Point relevé à midi.

Nous avons laissé sur la droite l'île de Poulo-Way, sorte de montagne couverte d'une végétation touffue et serrée donnant l'impression de la brousse.

Le point affiché, comme tous les jours, en haut de l'escalier des premières, nous indique que nous n'avons fait en vingt-quatre heures que 295 milles.

La marche ordinaire du navire donne une moyenne de 330 milles par jour. Nous avons perdu 35 milles par conséquent, et la veille nous avions déjà perdu 45 milles. Cela tient à la mousson Nord-Est, qui nous a secoués de violente façon par le travers du golfe de Bengale, contrariant ainsi la marche du paquebot.

La mer est d'un calme admirable. La température est lourde. Le thermomètre indique 33° à midi et demi.

Le Chinois chargé d'agiter le *panca* pour nous éventer à l'heure des repas a l'air de somnoler. Il tire sa corde sans conviction ; cet homme-éventail ne paraît attacher aucune importance à sa fonction, pourtant si utile en ces climats.

Il fait un effort léger toutes les deux ou trois minutes met ainsi le panca en mouvement, puis, s'arrête et ferme les yeux.

Quelqu'un pensant qu'il dort l'apostrophe rudement :

— Hé, là! le boy-panca, est-ce que vous allez ronfler tout à l'heure?

Le Chinois regarde son interlocuteur d'un œil curieux, plisse le nez, sourit en montrant trente deux dents jaunes, ainsi qu'il convient à un fils du ciel, et répond en excellent français :

— Si vous étiez à ma place, par une chaleur pareille, il y a longtemps que vous dormiriez.

Et sans ajouter un mot, il se met à tirer sur la corde, ce qui, en somme, était tout ce qu'on lui demandait.

Après le déjeuner, M. Boniface s'approchant de moi, me dit d'un air profondément satisfait :

— Demain à midi, nous serons à Singapoor, le jardin botanique y est admirable et le musée superbe.

— Nous irons voir l'un et visiter l'autre, si vous le désirez, répondis-je.

— Le musée est particulièrement intéressant. On s'est borné à faire une exposition uniquement composée des produits de ces régions. On n'y voit rien de ce que l'on rencontre dans nos musées d'histoire naturelle européens. Vous voulez bien m'y accompagner?

— Comment, si je le veux!... Mais je ne pense qu'à cela depuis notre entrée dans le détroit de Malacca. Le jardin botanique contient tous les échantillons de la *flore* équatoriale. Vous savez que Singapoor est à un degré près sous l'équateur. Je me fais une joie de passer quelques heures au milieu de ces fleurs et de ces plantes, auxquels des yeux européens ne sont pas habitués.

— Pârfait!... Je vous accompagnerai, si vous le voulez bien.

— Entendu; seulement, ajouta notre savant, toujours un peu moqueur, si vous voulez vous rendre compte des admirables nuances des fleurs de Singapoor, je vais vous donner un conseil :

— Parlez.

— Eh bien ne descendez pas à terre avec des lunettes bleues.

Bien curieuse l'entrée de Singapoor avec ses îlots chargés de verdure, sa rade remplie de paquebots venus de toutes les parties du monde et son village lacustre dont les habitations s'égrènent le long du rivage, donnant l'impression d'une résurrection d'époques lointaines se perdant dans la nuit des temps.

Ici, nous n'avons pas le désagrément du mouillage en rade, à distance considérable de la terre ; on aborde à quai et, pendant les six heures d'escale, tous les passagers désertent le *Calédonien*, dont les soutes s'emplissent d'un charbon semblant se désagréger à l'air et enveloppant le navire d'un nuage de poussière noire. Les treuils font un vacarme assourdissant, les coolies crient, les sifflets de manœuvre jettent leur note stridente dans cette cacophonie, et c'est en nous bouchant les oreilles que nous quittons le navire.

Comme à Colombo, nous trouvons sur le quai de débarquement de longues files de « pousse-pousse » traînés, non plus par des Indiens, mais par des Chinois coiffés de chapeaux de paille en forme d'abat-jour Néanmoins, nous laissons de côté le véhicule attelé d'un bipède pour monter dans un *malabar* remorqué par un petit cheval de race cambodgienne.

Le malabar, plus commun qu'à Ceylan, est le fiacre de Singapoor. On y tient aisément quatre, toute la cage de la voiture est un réseau de persiennes aux barreaux largement espacés permettant la circulation de l'air, tout en interceptant les rayons du soleil.

La partie supérieure des portières, sans vitres, reste ouverte.

Notre malabar nous conduit à l'hôtel de l'Europe, situé à 3 kilomètres du débarcadère des paquebots.

Pendant le trajet, nous regardons de longues files de maisons peintes en bleu, depuis les teintes claires jusqu'aux nuances les plus foncées.

Les enseignes des boutiques, presque toutes en caractères chinois, indiquent que le commerce de Singapoor est entre les mains des Célestes, dans une proportion considérable. Il y a deux cent mille Chinois dans ce port de la Péninsule malaise.

Notre malabar, dont le « pégase » trotte rapidement sous un soleil torride, nous fait traverser les rues principales.

Nous y voyons circuler, affairés, pressés, indifférents les uns aux autres, des Malais, des Annamites, des Indiens, des Japonais, des Javanais et, de loin en loin, quelques Anglais.

Dans une rue presque exclusivement chinoise, nous assistons — vision rapide mais originale — au spectacle d'un barbier chinois rasant un client en plein vent

Celui-ci, les yeux fermés, béat, ravi, se laisse frictionner, savonner, cosmétiquer. Le barbier, après le rasoir, prend le pinceau et rectifie la ligne des sourcils... à l'encre de chine, naturellement.

Il arrose de parfum au santal (l'air en est infecté) la natte de son concitoyen, et il termine la toilette de son client en lui curant les oreilles.

La scène n'est pas peu divertissante. Un peu plus loin, nous nous arrêtons devant un marchand de fruits, et, pour la première fois de mon existence, je savoure un *mangoustan*, sorte de grenade d'un goût délicieux, qui, malheureusement, ne peut pas s'exporter.

Le mangoustan s'épluche comme une orange, néanmoins l'écorce, de couleur rougeâtre, est beaucoup plus épaisse et moins adhérente au fruit intérieur.

Ce dernier est d'une blancheur laiteuse, divisé en côtes et d'une saveur exquise.

Sur le littoral de la Péninsule malaise, on prétend que le mangoustan est le meilleur fruit du monde.

Les Malais ne connaissent sans doute ni les poires duchesses, ni les pêches de Montreuil, ni même la bonne grappe de raisins de nos côtes de la Bourgogne et du Bordelais.

CHAPITRE VI

PROMENADE AU MUSÉE ET AU JARDIN ZOOLOGIQUE DE SINGAPOOR. — POULO-CONDOR. — ARRIVEE A SAÏGON. — UNE CHAMBRE CONFORTABLE. — LA FÊTE DU TÊT. — LE JEU DE BACOUAN. — LES FUMEURS D'OPIUM. — LA PAGODE DE GOVAP. — LE RATELIER DU ROI NORODOM.

Ainsi que l'avait indiqué M. Boniface Bollard, il **y a deux** choses importantes à visiter à Singapoor, quand on a terminé une excursion à travers les rues, excursion indispensable au voyageur désirant se rendre compte des originalités de cette ville indienne, aux allures cosmopolites.

Les deux choses à voir sont : le musée et le jardin zoologique. Le musée contient des échantillons de la flore et de la faune de la région.

Les tortues gigantesques, les poissons de l'Océan Indien, le *Dugon*, sirène des anciens ayant un buste à peu près humain et le reste du corps terminé en queue de poisson, sont disposés dans de larges et hautes vitrines surmontées de l'étiquette indicatrice.

Le long des murailles sont suspendus : le diable des mers — sorte de raie de proportion colossale, deux ou trois types de requins desséchés, et parmi eux le requin-marteau, fréquent dans ces parages. Un cachalot, l'ossature d'une baleine et toute la variété des grands poissons sont également exposés. La curiosité de ce musée tient à ce fait qu'il ne ressemble à aucun des musées européens. On n'y expose que les animaux des régions intertropicales.

Une heure passée dans ces salles intéressantes équivaut à une excellente leçon d'histoire naturelle et de zoologie comparée.

Le jardin nous offre les échantillons vivants des animaux de l'endroit : des tigres, des jaguars, des panthères et, dans une cage divisée en compartiments, toutes les variétés de singes : gorilles, orangs-outangs, cynocéphales, etc. Ces derniers exécutent sous les yeux des rares visiteurs des cabrioles à désespérer le meilleur des clowns du cirque Rancy.

Quant à la végétation de ce jardin, la description en est difficile. Tout ce qui pousse, tout ce qui vit sous les tropiques s'étale là, dans une majesté luxuriante, offrant à l'œil les chatoyements des couleurs les plus brillantes et l'ombre épaisse et reposante des feuillages protecteurs.

Le jardin de Singapoor est une merveille. Pourtant, il paraît que nous verrons mieux encore en Indo-Chine.

En vue de l'île de Poulo-Condor,
9 février.

Nous longeons depuis sept heures du matin les côtes des îles de Poulo-Condor, lieu de relégation des condamnés de l'Indo-Chine. Le tangage s'est calmé. La mer brise un peu, mais nous marchons néanmoins à 14 nœuds à l'heure.

Nous serons ce soir en vue du cap Saint-Jacques, à l'entrée de la rivière de Saïgon, et à Saïgon à deux heures du matin. Sur les 750 passagers embarqués à Marseille, il n'en restera pas demain 10 à bord; tous les militaires débarquent pour se rendre au Tonkin, et la plupart des fonctionnaires et commerçants s'arrêtent en Cochinchine.

*
* *

Nous voici arrivés à Saïgon, après vingt-sept jours de navigation.

Nous tombons en pleine fête du Tet, sorte de fête religieuse ayant quelque analogie avec celles que célèbrent nos populations d'occident, au jour de l'an.

Avant de continuer notre récit, il convient de dire ici queiques mots sur les croyances en Extrême-Orient.

Plusieurs systèmes religieux sont usités en Indo-Chine.

Il y a le bouddhisme, la doctrine de Confucius, le culte des ancêtres, le culte des génies et des esprits.

Les missions catholiques ont implanté le Christianisme dans ces régions, et actuellement la proportion des catholiques est de 1 habitant sur 28. Le Brahmanisme, très répandu dans l'Inde, devient de plus en plus rare en Cochinchine, bien que quelques bonzes venus des côtes du Coromandel s'efforcent de conserver des adeptes à la trinité hindoue.

En ajoutant quelques musulmans, sectateurs d'Ali, gendre de Mahomet, on a à peu près la nomenclature de toutes les variétés religieuses de l'Indo-Chine.

Cependant, dans le peuple annamite, les deux cultes pratiqués sont surtout celui des ancêtres et celui des génies.

En accrochant au sommet des mâts la chique de bétel destinée aux génies et aux esprits, la naïveté populaire croit conjurer le mauvais sort.

Dans la pensée des indigènes, les esprits d'outre-tombe s'emparent de tout être qui vient au monde, et la lutte s'engage entre les bons et les mauvais esprits.

Le culte des ancêtres a pour but d'obtenir la protection des aïeux contre les méchants génies de l'air et d'ailleurs. Ce culte est la continuation naturelle de la morale pratiquée dans la vie par les Annamites. Ils ont le respect profond de la famille.

*
* *

En parcourant les rues de Saïgon, nous sommes accueillis un peu partout par des pétards tirés sur le bord des trottoirs et les détonations se succèdent d'une façon ininterrompue.

Chose curieuse, les rues sont à peu près désertes. Les voitures ne circulent plus, les cochers annamites font relâche; la vie commerciale est suspendue, sauf pourtant dans les estaminets où se joue avec acharnement, un jeu de hasard appelé le *bacouan*, et qui n'est autorisé que pendant cette période de l'année.

Ce jeu est très simple, et quelques lignes de description le feront comprendre

On inscrit sur une table quatre numéros (de 1 à 4); autour de cette table prennent place généralement des Chinois et des Annamites, quelquefois aussi des Européens.

Chacun des joueurs choisit un numéro et le couvre de la monnaie qu'il veut risquer. Toutefois le numéro quatre des cases reste vide. Il appartient au tenancier

Le banquier (c'est toujours un Chinois ayant payé à l'établissement le droit de tenir le jeu) secoue devant tous un sac rempli de sapèques (petite monnaie en zinc, percée d'un trou au centre) ,puis plonge la main dans le sac et retire une poignée de ces rondelles de métal.

Il compte les sapèques sorties du sac par quatre, et quand il arrive aux dernières, il reste une, deux ou trois sapèques. C'est le nombre restant qui correspond au chiffre gagnant.

Lorsque le décompte par quatre ne laisse rien, le Chinois rafle la recette.

Dans les autres cas, la totalité des enjeux revient à la case correspondant au numéro gagnant.

En réalité, le tenancier a vingt-cinq chances sur cent de gagner sans rien risquer.

Ce n'est pas plus immoral que la roulette, et c'est sensiblement moins désavantageux, pour les joueurs, que le jeu des petits chevaux, où la proportion des chances du tenancier dépasse 60 0/0.

Nous quittons un des établissements où, pendant les trois jours que dure la fête du Têt, on jouera au bacouan sans interruption pendant soixante-douze heures, et nous parcourons la ville.

La plupart des maisons sont somptueusement décorées; aux façades se balancent d'énormes lanternes en papier.

Dans l'intérieur des habitations, on brûle des parfums devant l'autel des ancêtres.

Nous avons pu, non sans peine, découvrir un malabar (voiture de place à quatre roues) conduit par un cocher annamite qui, en moins de deux heures, venait de perdre ses économies au bacouan.

Notre Annamite nous dit: « Moi vouloir aller à Cholon. Ici Chinois du bacouan tous filous: là-bas. mieux. Venez, Cholon. verrez belle ville. »

Comme Cholon mérite d'être visitée, car c'est le grand marché et l'entrepôt de riz de toute la Cochinchine, nous acceptons volontiers l'offre de notre cocher, et à sept heures du soir nous étions sur la route reliant Saïgon à Cholon.

Cholon, situé à 5 kilomètres de Saïgon, est, par le chiffre de sa population, une ville plus importante encore que le chef-lieu de la Cochinchine.

Il y a là 40.000 habitants parmi lesquels près de 20.000 Chinois. Le reste de la population est annamite.

On peut se faire, à Cholon, une idée très exacte de ce qu'est une ville chinoise.

Car tout y est chinois : maisons de commerce et d'habitation, coutumes et mœurs. A notre entrée en ville, nous constatons qu'on y célèbre le Têt avec autant d'entrain qu'à Saïgon. — **Toutes les** portes sont ouvertes et l'intérieur des maisons **est brillamment** éclairé. Les images bariolées sur les énormes lanternes sont toutes symboliques et expriment des souhaits. C'est ainsi que la plupart représentent une superposition d'arbustes émergeant chacun d'une ligne horizontale figurant la terre. Quatre ou cinq arbustes sont ainsi juxtaposés, et cela signifie quatre ou cinq générations sorties d'un même sol primitif. Traduction : celui qui a ce symbole à l'entrée de sa demeure exprime le désir de vivre très vieux et de voir se développer sous ses yeux quatre ou cinq générations.

Sur le pas des portes, les enfants font partir des pièces d'artifice, et c'est au milieu d'une effroyable pétarade et de gerbes de feu éclatant en fusées joyeuses que notre voiture avance au milieu des rues de Cholon. Nous nous faisons arrêter à la porte d'une fumerie d'opium.

Qu'on se figure une salle sombre, autour de laquelle

s'étend une série de lits de camp, à 0ᵐ,40 de terre.

Une douzaine de Chinois sont couchés dans des attitudes allongées ou recroquevillées. Auprès de chacun d'eux brûle une petite lampe remplie d'huile de noix de coco. C'est à la flamme de cette lampe qu'ils font chauffer, en la tournant à la pointe d'une aiguille de fer, la boule d'opium grosse comme une lentille, dont il absorberont la fumée tout à l'heure, d'une seule aspiration, quand l'opium sera en ébullition. Une pipe d'opium se fume en deux secondes. Les grands fumeurs se préparent ainsi jusqu'à cent pipes dans une soirée.

Nous observons les clients de la fumerie. Ils ont l'air d'être plongés dans une extrême béatitude, et c'est en fermant les yeux qu'ils aspirent longuement la fumée d'opium.

Nous demandons au gérant de la fumerie de nous préparer une pipe. Notre Chinois nous refuse en souriant. Il paraît que ce genre d'exercice est interdit aux Européens par un règlement s'appliquant aux fumeries publiques.

En sortant de cet antre, nous reprenons notre promenade à travers la ville, et le spectacle se continue, uniforme, sans la moindre variété, d'une rue à l'autre.

Partout, le jeu de bacouan, partout des feux d'artifice, et cela durera jusqu'au matin, à ce qu'on nous dit.

Cette fête du Têt est la plus importante de l'année, et le Chinois le plus pauvre tient à la célébrer.

Nous regagnons le Grand-Hôtel de Saïgon, où, malgré la moustiquaire, nous sommes consciencieusement dévorés par quelques bestioles ayant su se glisser subtilement à travers les rideaux de tulle entourant notre lit de la base au sommet.

Le lendemain, en compagnie du Dʳ Blin, médecin des colonies, nous prenons le train pour Govap, à une demi-heure environ de Saïgon. On nous avait signalé à cet endroit la pagode des présages, pagode essentiellement chinoise et se recommandant de Confucius.

Les bonzes nous accueillent d'une façon hospitalière, et nous admirons l'ornementation de cette pagode où ne se trouve aucune représentation de la figure humaine. Au pied de l'autel, disposés dans des soucoupes, tous les condiments des menus Chinois sont alignés en l'honneur des ancêtres disparus, qui en peuvent, nous dit-on, aspirer les aromes.

On nous offre un livre rédigé en chinois. Nous l'acceptons volontiers, comptant sur un ami pour nous en donner le sens, car le chinois nous est aussi inconnu que la langue annamite.

A peine sortons-nous de la pagode que le gong résonne et que des feux brillent dans le fond du temple. Il paraît qu'on procède à la purification du sanctuaire, la présence seule d'un hérétique rendant cette opération indispensable.

Nous ne pouvons nous empêcher de reconnaître la parfaite politesse de ces bonzes si accueillants aux profanes, dont la présence en cette pagode suffit à troubler les mânes des ancêtres endormis des sommeils éternels.

En sortant de la pagode de Govap, nous entrons dan quelques boutiques chinoises. Dans l'une d'elles on nous offr un remède contre la migraine, de la bière fabriquée à Saïgon, des cigarettes et des parfums.

La bière étant exécrable, nous demandons à goûter le lait d'une noix de coco, grosse comme un melon et qu'un boy du marché vient d'apporter.

L'expérience faite à Colombo ne nous avait pas suffi.

Notre Chinois, qui parle un peu le français, acquiesce à notre désir et fait ouvrir la noix à coups de hache, puis il nous en verse le contenu (de la valeur d'un demi-litre environ) dans une calebasse.

Nous goûtons. C'est tiède, fade, un peu sucré, et plutôt

d'agréable. Ce genre de liquide a peu de chance d'avoir notre clientèle.

Pour remercier le Chinois, nous lui achetons un almanach rédigé en langue mandarine, un jeu de cartes et la manière de s'en servir.

Toutes ces chinoiseries nous coûtent 20 cens, soit 0 fr. 50 environ de notre monnaie française.

Nous reprenons le train pour Saïgon. Sur tout le trajet, nous admirons la superbe végétation qui se déroule sous nos yeux.

Partout des goyaviers, des bananiers, des palmiers chargés de fruits, des aréquiers, dont les noix se balancent sous le souffle léger de la brise. On sait que la noix d'arec est la base de la chique de bétel que mâche toute femme annamite qui se respecte.

La chique se compose d'un morceau de noix d'arec et d'un peu de chaux teintée en rouge, le tout roulé dans une feuille de bétel. La salivation produite par cette combinaison chimique est rougeâtre. Les femmes annamites mâchent constamment le bétel, et leurs dents revêtent peu à peu une belle couleur noire, un des caractères de la beauté de la dentition en Indo-Chine.

A ce sujet, on nous raconte une amusante histoire.

Récemment, un chirurgien dentiste de Saïgon exposait à sa porte un magnifique râtelier d'un noir d'encre.

Bon nombre d'Annamites s'arrêtaient extasiés devant ce joyau, se demandant à qui pouvaient appartenir ces superbes dents noircies à l'encre de Chine, cirées, vernies et brillantes comme du jais.

Il paraît que le râtelier avait été commandé par S. M. Norodom, roi du Cambodge, qui s'était fait extraire les deux tronçons de chicot démeublant sa bouche royale pour s'orner de trente-deux dents aux reflets d'ébène.

CHAPITRE VII

HAÏPHONG. — EN ROUTE POUR HANOÏ. — LA SALLE A MANGER-DORTOIR.

Dans notre livre intitulé « Au Cambodge et en Annam » nous avons raconté notre excursion à travers la Cochinchine, le Cambodge, le Bas-Laos et le littoral de l'Annam.

Pour éviter des redites et une description déjà faite de ces contrées, nous conduirons nos lecteurs à Haïphong où nous avons débarqués trois jours après notre départ de Tourane, le port de relâche des paquebots sur la côte de l'Annam.

A Haïphong, nous retrouvons la ville européenne avec ses habitations confortables, construites en pierre, en briques, et présentant toutes les variétés de l'architecture occidentale. Néanmoins, les maisons à toiture plate dominent, des rues bien tracées sillonnent les divers quartiers. On se sent au milieu d'une ville neuve. Toutefois, ce qui précise le caractère asiatique d'Haïphong, c'est son système de véhicules.

Partout, on rencontre des pousse-pousse traînés par des indigènes trottant d'une allure régulière, uniforme, presque cadencée.

Le pousse-pousse est ici le moyen de locomotion généralement employé par la population.

Haïphong est du reste, à ce point de vue, semblable à la
plupart des grandes villes de l'Extrême-Orient. L'indolence
des indigènes et des colons vivant dans ces chaudes régions
s'accommode fort bien d'un véhicule léger, suffisamment
confortable et tout à fait économique. — (L'heure en
pousse-pousse coûte 25 cens, soit 12 sous et demi de notre
monnaie.)

Notre visite à travers Haïphong nous fait passer devant de
nombreux magasins européens, dont les larges vitrines con-
tiennent toute la bimbeloterie tonkinoise et, à côté, des séries
d'objets d'importation française, anglaise ou allemande.

D'une façon générale, les objets essentiellement tonkinois
(soies brochées, vases, laques incrustées, etc.), se vendent
un peu plus cher chez nos concitoyens que dans les boutiques chinoises.

Le Chinois est, en réalité, le concurrent direct et souvent
heureux du commerçant européen. Dans toutes les villes
de l'Indo-Chine, il y a un quartier chinois, des rues entièrement habitées par des Célestes, et ce sont, en général, les rues
et le quartier où se déploie, avec le plus d'intensité, l'activité
commerciale.

Le Chinois, qui s'entend merveilleusement à rouler ses
frères de la race jaune, livre à sa clientèle des objets moins
fins, moins solides que ceux vendus par les Européens; mais
les peuples de ces régions sont de grands enfants qui se
laissent assez aisément prendre à ce qui est clinquant, tire-
l'œil, camelote, pourvu que la surface de l'objet soit engageante.

Le quartier chinois à Haïphong ressemble, comme une
fidèle photographie, à la plupart des quartiers chinois des
villes de l'Extrême-Orient. C'est invariablement la boutique

sans vitres, largement ouverte aux passants ; au-dessus du
comptoir, est installé le dieu de la maison, en bois sculpté ou
en faïence. Extérieurement, des banderolles d'étoffe ornées
de caractères chinois **sont collées comme** enseignes le long
des **devantures.**

Haïphong, qui, **il y a quelques années,** était un modeste
village annamite construit au milieu de marais, est aujour-
d'hui une belle ville dont les travaux de construction et
d'élargissement continuent à être en pleine activité

On y compte actuellement 16.000 habitants, parmi lesquels
850 Européens et près de 5.000 Chinois. Un conseil municipal,
présidé par le résident-maire, administre la ville, comme
cela existe à Hanoï, capitale de la province.

Après un séjour de vingt-quatre heures dans ce port, **nous**
partons pour Hanoï, sur un des paquebots de la Compagnie
Marty et Dabbadie qui fait un service quotidien entre les
deux cités. D'une ville à l'autre, **il y a environ quinze à dix-**
sept heures de navigation sur le fleuve **Rouge.**

Nous partons à cinq heures du soir, saluant Haïphong
d'un coup de sirène strident, prolongé, et **nous voyons** se
dérouler devant nous les agglomérations de « cagnats » indigènes (**nom sous lequel on désigne les habitations en paille)**
formant en quelque sorte la banlieue de Haïphong.

Nous remarquons la couleur brune des eaux sur lesquelles
glisse le paquebot, et nous nous expliquons, par cette colo-
ration **due au fond argileux du fleuve, sa** dénomination de
fleuve Rouge.

Le paquebot **de rivière** qui nous emporte est d'assez
grandes dimensions. La salle à manger a env ron 12 mètres
de longueur Cette salle se **convertit la nuit en dortoir**

Les banquettes qui font le tour de ce réfectoire servent de lits aux passagères. Le sexe fort loge à 1ᵐ,50 au-dessus, grâce à un ingénieux système de planches à charnières qui, rabattues pendant le jour, sont dressées horizontalement à partir de neuf heures du soir. Naturellement, on conserve en partie ses vêtements, et le dortoir, avec sa trentaine de lits, offre à l'heure du sommeil un spectacle des plus pittoresques.

Les lits supérieurs semblent donner de vives inquiétudes a quelques dames placées directement sous des couchettes portant des passagers de poids.

Ces derniers, qui sentent craquer à chaque mouvement la planchette matelassée qui les supportent, n'osent se retourner d'un côté sur l'autre qu'avec des précautions infinies, afin de ne pas alarmer la voisine du dessous.

Une de ces dernières, n'ayant qu'une confiance relative dans la solidité de l'appareil placé au-dessus de sa tête, propose au locataire de l'étage supérieur de faire un échange de couchettes.

En homme galant, mais ennuyé, le passager accepte ; toutefois, rendu subitement inquiet par un coup d'œil risqué dans la direction de la dame, dont l'aspect plantureux indique une cinquantaine fortement nourrie, il quitte la salle en déclarant qu'il fait décidément trop chaud.

Cet incident met le dortoir en joie.

Quelques passagers ne trouvant pas à se coucher organisent une partie de cartes, et ce n'est pas un spectacle peu réjouissant que celui de ces hommes absorbés par le jeu, oubliant le milieu où ils se trouvent et criant parfois dans le silence de ce dortoir improvisé :

— Quatorze d'as, trois dames et trois valets !

Un ronflement approbatif parti d'un des étages supérieurs répond à cette déclaration.

Pendant une bonne partie de la nuit, nous avons entendu des exclamations de ce genre, et toujours le faux-bourdon du dormeur ponctuait les déclarations des joueurs.

J'avais fait, à un déjeuner chez M. le Gouverneur général, la connaissance du général Borgnis-Desbordes, commandant en chef des troupes de l'Indo-Chine.

Cette connaissance, continuée sur *la Tamise*, se renouvelle sur le fleuve Rouge.

Dans le dortoir du paquebot fluvial, j'habite l'étage, et M. le général Borgnis-Desbordes le rez-de-chaussée.

En me voyant faire l'escalade de mon lit haut perché, il me dit :

— Je sais que vous n'avez pas le mal de mer, mais avez-vous d'aussi heureuses digestions en eau douce ? Il me serait fort désagréable de recevoir de vos nouvelles sous forme de pluie du haut de votre belvédère.

Je rassure le général en lui affirmant que j'avais l'excellent estomac des autruches entrevues par moi au Soudan, alors que je remontais, l'année précédente, le fleuve le Sénégal à bord du *Borgnis-Desbordes*, paquebot de la Compagnie Devès et Chaumette, de Bordeaux.

Le général, que ce souvenir flatte, me remercie, me distille un de ces compliments vinaigrés dans le goût de ceux qu'il avait l'habitude de faire, et nous prenons tous deux nos dispositions pour nous accommoder, lui, de sa banquette rembourrée, moi de mon lit suspendu.

A minuit tout le monde est endormi, et l'on n'entend plus à bord que le ronflement harmonieux d'un dormeur qui marie son point d'orgue aux halètements réguliers de la machine.

CHAPITRE VIII

SUR LE FLEUVE ROUGE. — LES PIRATES DU SONG-KOÏ. — HANOÏ.
LES SUPPLICES EN EXTRÊME-ORIENT. — LE CULTE DE BOUDDHA.

Pour aller de Haïphong à Hanoï par la voie fluviale, c'est-à-dire par le Song-Koï ou fleuve Rouge, il est nécessaire que le bateau, pendant six mois de l'année, n'ait pas plus de 1^m,80 de tirant d'eau. Mais, pendant la saison des hautes eaux (de mai à novembre), des bateaux calant 3^m,60 peuvent remonter le fleuve sans inconvénient.

C'est ce qu'expliquait le commandant du paquebot à M. Boniface Bollard, installé, depuis six heures du matin, à l'avant, pour admirer à l'aise les rives du Song-Koï.

Le savant, depuis un instant, ne répondait pas à ce que lui disait l'officier du navire. Ses jumelles braquées sur les berges du fleuve, M Boniface essayait de se rendre compte d'une chose qui lui paraissait singulièrement anormale, car, à un certain moment, retirant ses jumelles de ses yeux, il s'écria :

— Shoking !

Le commandant regarda et se mit à **rire.**

— Ce phénomène se reproduit régulièrement **tous les jours** au passage du paquebot, dit-il, et les indigènes apportent à cette manifestation une telle régularité et une telle indifférence apparente qu'on ne peut guère voir, dans leurs **actes,** une idée de malice ou d'irrévérence.

Je regardai attentivement et je compris.

Le long du fleuve, la face dirigée vers **leurs cagniats,** c'est-à-dire le dos tourné au fleuve, des indigènes espacés le long des berges se tenaient accroupis, accomplissant une fonction naturelle et qu'il est d'usage, en Europe, de **ne point** produire en public.

— Il me semble, dit le général Borgnis-Desborde, **qui se** tenait auprès de **nous,** que vous leur feriez modifier, sinon leurs habitudes, du moins l'heure de leurs exhibitions avec un bon mousqueton chargé de **sel.**

— Je crois, mon général, qu'il **ne** faudrait pas se risquer à des manifestations de ce genre. Les indigènes les considéreraient comme une agression inexplicable, et nous aurions rapidement quelques milliers de pirates de plus sur le fleuve Rouge.

— On pourrait toujours essayer, répondit le général, qui, à ce moment, regagna sa cabine.

— Comment ! il y **a** encore des pirates dans la région ? interrogea M. Bollard.

— Je vous montrerai tout à l'heure, en passant, un poste d'observation où, récemment encore, des pirates faisaient le guet pour surprendre les jonques transportant des marchandises de Haïphong au Yun-Nan.

— Et on les laissait faire ?

— Non. Et la preuve en est **que cinq** d'entre eux sont arrêtés et qu'on doit les exécuter très prochainement dans les environs de Hanoï. Vous pourrez assister à ce spectacle si le cœur vous en dit.

— Comment se pratiquent les exécutions au Tonkin?

— D'une façon très simple : on conduit les condamnés à l'endroit où doit avoir lieu l'exécution, les mains liées derrière le dos, la cangue au cou — la cangue, vous le savez, ressemble vaguement à une lunette de guillotine. — Une fois arrivé sur le terrain choisi, on enfonce en terre un pieu solide, auquel on attache la corde joignant les mains du patient; on fait mettre ce dernier à genoux, la tête courbée, et le bourreau, manœuvrant à deux mains un sabre lourd auquel il imprime un mouvement de rotation afin de se donner de l'élan, tranche la tête du condamné.

— La section se fait d'un seul coup ?

— Rarement. J'ai vu des bourreaux qui s'y reprenaient à douze fois avant de réussir à séparer la tête du tronc, et ce qu'il y a de plus hideux, c'est qu'à chaque coup manqué ils insultaient le malheureux, qui hurlait, ruisselant de sang et demandant qu'on en finisse vite.

— C'est horrible.

— Avant l'occupation française, c'était bien autre chose encore ; on leur faisait endurer d'atroces supplices avant de les achever.

— **Les supplices ont** disparu de la région indo-chinoise, dit alors M. Bollard, mais, néanmoins, on en maintient une assez jolie série dans le pays voisin.

— La torture existe encore en Chine, il est vrai, mais elle a subi depuis un siècle des atténuations très appréciables.

— C'est exact, répond M. Bollard.

Ainsi on ne procède plus, comme jadis, à l'écrasement des genoux; on ne coupe plus à la scie les seins, les oreilles et le nez; on n'écarte plus les deux os de la jambe vers le haut du mollet; on ne laisse plus pourrir le patient, ligotté sur une natte agrémentée de clous et dans un milieu grouillant de vermine, afin d'exciter les plaies et de provoquer des infections pestilentielles.

La Chine s'est un peu civilisée, à ce point de vue, depuis le doux règne de Teng-Tsong, mort vers 1780.

Toutefois, il reste encore la règle, les verges, la bastonnade, la dislocation, le sciage des jambes, la suspension par les bras et d'autres procédés, tous plus ingénieux les uns que les autres.

— M. Boniface, pour nous faire mieux apprécier l'horreur des tortures dont vous venez de nous donner une si brillante nomenclature, ne pourriez-vous en faire une courte description?

— Rien de plus facile, répond M. Bollard. Et prenant le ton d'un professeur faisant un cours, notre savant nous donne les explications que voici :

La règle est une planchette longue d'un mètre, large de dix centimètres, ayant quelques millimètres d'épaisseur et munie d'une poignée.

Le patient est frappé par le tranchant de cette règle sur le **devant de la jambe, et le coup** doit être asséné assez fort pour briser la planchette à chaque coup. On a généralement, comme en-cas, cinq ou six douzaines de règles à chaque interrogatoire.

— Touchante prévoyance!

— Les verges, autre procédé **très** répandu, sont nattées par trois **ou quatre, et on daube à tour de bras** à l'aide de cette corde végétale sur le patient. Ce dernier est couché, nu, sur le ventre d'abord, sur le **dos** ensuite, afin de lui éviter — attention délicate — les **fatigues d'une** même position pendant l'opération.

Quant à la bastonnade, **c'est un** exercice exécuté généralement par quatre valets de bourreau qui frappent en observant une cadence harmonieuse et rythmée, tantôt du milieu du bâton, tantôt de sa pointe arrondie, pour varier les effets.

Mais tout ceci n'est qu'une préface. La suite est beaucoup plus ingénieuse au point de vue de la douleur à produire. Ainsi il y a, par exemple, la dislocation...

— Taisez-vous, M. Bollard, le nom seul de ce supplice me donne froid.

— Je vous réponds qu'il donne chaud à ceux qui en sont les victimes, répond M. Boniface.

— Ce genre de supplice présente trois catégories d'exercices, les uns à l'usage des Européens, les autres spécialement destinés aux indigènes.

La première catégorie s'appelle le « kasaï-tsouroi ». On lie fortement les gros doigts des deux pieds, on ficelle également les genoux, on passe ensuite un bâton entre les jambes du patient, et on tourne afin de produire un écartement et courber les os en arc.

— Horreur !

— La deuxième catégorie d'exercice est une modification ingénieuse de la précédente.

On se contente d'attacher les pieds du patient, on lui met ensuite une grosse pièce de bois entre les jambes; puis, une corde, fixée à chaque genou du malheureux, est tirée en sens inverse de façon à ce que les genoux arrivent à se toucher. Les jambes s'arquent, et leur réunion, à chaque extrémité, forme l'ellypse sacrée, chère à Zoroastre et sans doute aussi à Confucius.

Le troisième exercice consiste à attacher les bras derrière le dos de façon à ce que chaque main tienne le coude du bras opposé. Puis, un bâton est passé sous chaque aisselle. On vire horizontalement, de façon à forcer les épaules à se rapprocher dans un arc ayant plus ou moins d'amplitude, selon la résistance des os. Quand ces derniers éclatent et que la

Hanoï

moelle jaillit, les Chinois sont d'accord pour déclarer que le spectacle est dégoûtant, et ils qualifient le bourreau de maladroit.

— Et vos Chinois se prétendent civilisés !

— Ils le sont... à leur manière.

— Permettez-moi de trouver que ce n'est pas la bonne.

— Je continue...

— Comment ! il y a d'autres horreurs à entendre ?

— Vous n'êtes pas au bout. Ainsi, il y a encore, entre autres choses, le sciage des jambes, opération très ingénieuse, ainsi que vous allez en juger : A l'aide d'une fine et solide corde de crin, on lie la jambe du patient de façon à permettre le jeu de la corde quand on la tire par chacune de ses extrémités.

Deux hommes, tirant alternativement en sens inverse, scient les chairs sans trop de temps ni d'efforts.

Quand on arrive à l'os, on s'arrête, et on recommence deux centimètres plus loin, afin de faire des rondelles régulières.

C'est un travail très artistique.

— Avec votre façon simple et naturelle d'expliquer les choses, savez-vous que vous êtes un homme abominable ?

— Eh non !... Je suis simplement un homme renseigné qui se fait un plaisir de faire part aux autres de ce qu'il sait.

— Vos descriptions sont effrayantes

— Elles sont vraies, et c'est, je crois, ce que vous désirez. Mais je continue. J'ai à vous causer encore de la suspension par les bras, c'est fort intéressant. Vous allez, du reste, en juger :

Cette suspension par les bras, pendant une bastonnade de cent coups de rotins, provoque assez rapidement la mort, si le bourreau n'a pas la précaution de s'arrêter de temps en temps, lorsque la langue du patient pend, couverte d'écume, en dehors de la bouche, et que le visage se violace, indiquant ainsi un commencement d'asphyxie.

Je ne veux pas trop insister sur les détails afin de ne point vous troubler les nerfs — vous les avez sensibles — et je ne vous parlerai que pour mémoire des gens conduits au supplice dans une charrette munie, au centre, d'une potence à laquelle ils sont suspendus par les cheveux et par les bras. Pendant que les bœufs tirent la charrette par des chemins raboteux, la victime se balance, horriblement secouée et poussant des gémissements qu'on arrête chaque fois par un coup de latte appliqué sur la bouche.

Le bourreau, qui promène ainsi son client, n'aime pas l'entendre geindre avant l'opération définitive.

— M. Bollard, je vous assure que, pour aujourd'hui, nous en avons assez. Vos Chinois sont des êtres féroces et indignes d'être considérés comme appartenant à une nation civilisée.

— Lisez un peu votre Histoire de France, et vous verrez que nous n'agissions guère mieux, **il y a** moins de cent cinquante ans.

L'application de la torture — **ce** qu'on appelait alors, la question ordinaire et extraordinaire — n'était pas plus humaine que les supplices infligés en Chine.

— C'est vrai, mais il y a longtemps que cela a disparu de vos mœurs.

— Espérons que ces actes de sauvagerie disparaîtront également un jour des habitudes chinoises; mais on ne déracine jamais facilement les vieilles coutumes, et ce n'est malheureusement pas encore demain, que nous verrons supprimer ces sanguinaires et cruelles pratiques.

En attendant, j'en resterai là de l'édifiante nomenclature sur les supplices chinois, mais je **vous** assure qu'il y a mieux encore que ce que je viens de vous décrire.

A dix heures du matin, la sirène de notre bateau fait entendre les trois notes de son hululement strident et prolongé, annonçant ainsi, un quart d'heure avant notre entrée à Hanoï, l'arrivée du courrier.

Nous abordons à l'appontement, et j'ai la satisfaction d'apercevoir, en débarquant, deux amis : M. Dardenne, ingénieur en chef des ponts et chaussées, directeur des travaux publics au Tonkin, et M. Escande, inspecteur des postes, dont j'avais fait la connaissance quelques mois avant, pendant la traversée de Marseille à Saïgon.

L'un m'offre immédiatement la plus cordiale des hospitalités, l'autre m'invite à venir déjeuner chez lui en me disant :

— Rassurez-vous, je ne vous ferai pas manger d'œufs pourris en gelée, ni de pattes de canard à l'huile de ricin ; on trouve de meilleures choses à Hanoï : du cerf, du chevreuil, des perdrix, des cailles, des bécassines et aussi du bœuf et du porc.

— On n'aurait pas mieux dans un restaurant du boulevard des Italiens.

— On aurait moins bien pendant l'époque où la chasse est interdite. Ici, on chasse en tous temps et en toutes saisons. On peut même tirer des ours dans les pays de montagnes habités par les Muongs.

— A vous entendre, on prendrait le Tonkin pour un coin du pays d'Eldorado !

— Pas précisément, mais tout au moins pour une contrée où le climat est supportable et la terre hospitalière.

— Alors... vous ne regrettez pas la France ?

— Chut ! ne réveillons pas les échos endormis dans les replis du cœur. Il ne faut songer au pays natal que lorsque l'heure de prendre un congé a sonné et que le paquebot du retour est sous pression.

— En attendant...

— Allons déjeuner.

Hanoï compte actuellement un peu plus de 50.000 habitants, dont 680 Européens et 1.500 Chinois. C'est le centre le plus important de l'industrie tonkinoise. La ville s'étend sur une longueur de plus de trois kilomètres le long du fleuve Rouge. La citadelle est à environ 1.500 mètres de ce cours d'eau.

Les rues sont droites, larges, bien entretenues. De belles avenues bordées d'arbres complètent l'aspect européen de la capitale du Tonkin.

Dans les quartiers indigènes, les rues présentent ce caractère original que chacune d'elles est affectée à un genre d'industrie ou de commerce spécial. Ainsi, il y a la rue de la Soie, où se vendent les belles soies brochées, la rue du Cuivre, la rue du Chanvre, la rue des Cercueils. Dans cette dernière, toutes les boutiques présentent à l'amateur un déballage de cercueils d'un aspect tout à fait engageant.

Il y en a de toutes les tailles, et c'est avec un sourire et un geste convaincants que le fabricant vous invite, sur le pas de sa porte, à vous offrir un de ces objets dont l'utilité est, tôt ou tard, certaine.

Mais laissons là ces indications macabres.

Une des curiosités de Hanoï est la citadelle, construite vers 1788 sur les plans d'officiers européens venus, à cette époque, dans la région.

Les murs, entourés d'un fossé rempli d'eau, ont un développement de un kilomètre sur chacune des quatre faces de la forteresse rectangulaire. C'est de cette citadelle que Francis Garnier s'empara vers 1873 et après lui le commandant Rivière en 1892, car, dans l'intervalle, la citadelle avait été abandonnée par nos troupes et remise entre les mains des mandarins.

Aujourd'hui la citadelle n'a plus guère d'utilité au point de vue défensif. Elle n'est qu'un souvenir historique.

***

La promenade ordinaire des habitants d'Hanoï est le grand lac, qui a 12 kilomètres de tour.

Comme curiosité dans les environs, il y a la pagode du grand Bouddha et la route de Son-Tay, où furent tués successivement Balny, F. Garnier et Rivière.

On nous indique l'endroit où on découvrit la tête de ce dernier. Un monument commémoratif est élevé en souvenir du fait d'armes au cours duquel Rivière, homme brave, mais déplorable commandant de troupes, trouva la mort.

Notre promenade en voiture dans cette direction est terminée par une visite au gendre de l'ancien vice-roi du Tonkin, aujourd'hui deuxième colonne de l'empire d'Annam, c'est-à-dire ministre de la Guerre

Le beau-père nous avait abreuvé de champagne, le gendre nous offre des ananas, des papayers et des mangues.

Il nous invite à venir visiter avec lui la pagode de Bouddha, dont le culte se relâche de plus en plus dans toute cette partie de l'Indo-Chine. M. Bollard, qui, l'année précédente, avait été au Thibet, région où le bouddhisme est en grand honneur, raconte, tout en marchant, au mandarin de quelle façon zélée se pratique dans cette région, qui compte plus de 3.000 couvents, le culte de Bouddha.

A Lhassa, résidence du souverain, on vient en pèlerinage, et M. Boniface intéresse vivement notre personnage en lui narrant quelques détails pittoresques sur la façon d'agir des fidèles bouddhistes.

Au Thibet, lui dit-il, les pèlerins tournent en longue file indienne autour des bonzeries, se prosternant à chaque pas, les mains jointes, le corps allongé sur le ventre, le front dans la poussière ou dans la boue. Qu'il pleuve, qu'il vente ou qu'il neige, la prosternation est de rigueur. Et cela dure pendant une longue journée.

Ceux qui ne peuvent pas s'allonger ont le droit de remplacer l'exercice du ventre-à-terre par la charge sur les épaules d'une lourde série de livres de dévotion.

Ils commencent à l'aurore et sont fourbus au crépuscule, mais Bouddha considère qu'ils ont débité toutes les prières contenues dans les livres de poids dont ils ont été accablés pendant douze ou quatorze heures.

Il existe là-bas, comme partout, des dévots cherchant, par des procédés ingénieux, à atténuer le rigorisme des pratiques religieuses.

Il en est qui ont imaginé de se servir d'un moulin à prières, qu'ils secouent comme un *cri-cri*. Il y a des prières écrites sur ce tourniquet appelé dans la contrée *Rchu-Kor;* chaque tour équivaut à une prière dite.

Un inventeur a même trouvé un procédé hydraulique tout à fait ingénieux. On expose le tourniquet au courant d'une onde pure et sans douleur, on obtient ainsi ses cinquante prières à l'heure, en moyenne.

Enfin il existe encore une autre mécanique à prières dont le système consiste à mettre un tonneau en mouvement. En le faisant tourner, il roule des prières, c'est fort original.

En payant un *boy* à l'heure pour faire mouvoir le tonneau, on obtient, paraît-il, auprès de Bouddha, les mêmes résultats qu'un fidèle ayant débité **seul et** sans stratagème les prières roulées par le tonneau.

Au Tonkin, les bouddhistes **ne** manifestent pas de cette façon, et **le** gendre de la deuxième colonne **de** l'empire d'Annam, qui comprend très aisément le français **et le** parle assez correctement, nous dit avec un sourire ·

— Ici, les pagodes sont désertées. **La mousse et l'herbe** poussent dans les cours, les pierres s'effritent, **et personne** ne songe à réparer les édifices où règne l'abandon.

— **Les dieux s'en vont!** soupire M. Bollard.

CHAPITRE IX

VISITE AUX PAGODES. — UN BONZE DE CENT DIX ANS. UNE EXÉCUTION DE PIRATES.

La remarque du haut mandarin qui nous accompagne, au sujet de l'abandon apparent des pagodes et de leur aspect délabré, **nous** est confirmée par les visites faites à quelques-uns de ces édifices religieux.

Toute trace de culte régulier semble avoir disparu de ces lieux où jadis le public se rendait en foule, célébrant Bouddha par des cérémonies publiques, aujourd'hui de plus en plus rares et irrégulièrement espacées.

Il n'y a pas en Indo-Chine de clergé bouddhique organisé, les congrégations **n'ayant aucun** lien les rattachant les unes aux autres.

Les chefs des bonzeries sont beaucoup plus sorciers que prêtres. Ils guérissent toutes les maladies et se livrent à des jongleries variées, qui maintiennent parmi les gens du peuple la superstition la plus naïve, la confiance la plus aveugle.

En réalité, la religion la plus répandue au Tonkin n'est

pas le bouddhisme des Indes, ni même celui du Cambodge.

C'est une variété du bouddhisme additionnée de croyances aux esprits, aux génies de l'air, aux êtres occultes exerçant sur les destinées une influence de tous les instants.

Notre mandarin nous explique qu'on sacrifie ici aux génies de l'agriculture, du Kop (tigre), pour se préserver des atteintes du terrible fauve, de la paix, de la guerre, de la mer, et jusqu'à certains génies, spéciaux aux maladies de la contrée.

Il en résulte une série de cultes divers se modifiant selon les lieux et suivant les circonstances.

Aussi, chez les marchands d'objets se rapportant aux cultes, on trouve des mannequins d'une extrême variété.

Au Cambodge, dans la pagode la Reine-Mère, sur la route d'Oudong aux tombeaux des rois Kmers, nous avions vu, au pied du gigantesque Bouddha, des offrandes rappelant la devanture d'un bazar; ici nous trouvons, dans les pagodes, les monstres fantastiques, des statuettes représentant les génies protecteurs, des éléphants, des tigres, des animaux étranges, des guerriers en pierre ou en carton-pâte, au visage grimaçant, aux yeux jaillissant des orbites, aux dents entr'ouvertes, prêtes à mordre. Quelques-uns sont bariolés de la plus étrange façon

Tous ces objets, plus ou moins ridicules, sont des dons provenant des superstitions populaires.

Du reste, les mannequins apportés du dehors ont un cadre digne de la mascarade qu'ils offrent au regard du voyageur.

Les pagodes sont gardées par des dragons d'aspect bizarre, la gueule ouverte armée de crocs gigantesques. Des serpents énormes se contournent en spirales.

Les efforts d'imagination, ayant abouti à cette agglomération de monstres de tous les genres et de toutes les familles, répondent à cette conception naïve : que plus les gardiens en pierre de la pagode seront d'aspect effrayant, moins on osera profaner un lieu si terriblement défendu.

Très peu de ces pagodes ont des bonzes pour les protéger. Tant de génies réunis dans un seul endroit n'ont évidemment pas besoin des humains pour garder leurs demeures.

Il n'en est pas moins vrai que, trois mois avant notre arrivée dans une pagode des environs (on n'a pas voulu nous préciser l'endroit où un pareil méfait a pu se produire), des voleurs avaient réussi à dérober le gong suspendu à l'un des piliers, et aussi tous les bijoux, colliers, bagues et bracelets ornant le cou, les doigts et les poignets du génie de l'agriculture.

— Et il y en avait pour **une grosse somme** d'argent? interrogeons-nous.

— Si les bijoux étaient en **argent et en or** et si les pierres les ornant étaient réellement des pierres fines, les voleurs en ont emporté pour une valeur de plus de 10.000 francs.

— Comment! on ne sait **pas** exactement **en** quel métal étaient les bijoux ?

— Non! ceux qui en ont orné le génie ont bien déclaré que leurs offrandes étaient toutes faites de précieux métaux et de pierres de valeur; mais, comme je connais mes compatriotes, je pense qu'en réalité le cuivre et le zinc remplaçaient l'or et l'argent et que diamants, topazes et rubis étaient surtout des morceaux de verre de couleur.

— Alors, à votre point de vue, le vol de 10.000 francs se réduirait à...

— Quinze piastres au maximum, c'est-à-dire à 37 fr. 50 environ; mais, comme on veut faire des exemples et montrer la puissance des génies, les bonzes déclarent partout que, parmi les cinq pirates dont l'exécution est prochaine, il y a les trois voleurs de la pagode que Bouddha a livrés à la justice.

Un bonze de cent dix ans

— Je m'explique pourquoi le bouddhisme est en décadence au Tonkin, dit M. Bollard. Si les prêtres de cette religion en sont maintenant à travestir le grand Çakiamouny en agent de la sûreté, ce n'est certainement pas cette conception baroque qui augmentera le prestige de leur Bouddha.

— Les peuples sont crédules, répond le mandarin de première classe, avec un fin sourire qui en dit long sur sa façon de juger l'humanité.

* *

Il y a plusieurs pagodes célèbres à Hanoï même, et dans les environs.

La pagode des Corbeaux est une des plus curieuses, et c'est en sortant de ce lieu, en compagnie de notre ami Escande, inspecteur des postes, que nous faisons la connaissance d'un respectable bonze, dont l'âge remonte au siècle dernier.

Cet homme vénérable venait d'atteindre sa cent dixième année.

Sa longue barbe blanche rejoignant une moustache tombante, ses yeux profonds qui semblaient posséder cette faculté du regard intérieur spéciale aux rêveurs et aux hommes traversant la vie sans voir ce qui se meut autour d'eux, donnaient à la physionomie de ce vieillard un caractère particulier.

Ceux qui l'ont vu pendant quelques instants n'ont jamais dû l'oublier.

Affable, courtois, indulgent comme un sage ayant longtemps vécu — la jeunesse seule est intolérante — il avait, depuis bien des années déjà, cessé de s'étonner.

Un grand acte d'héroïsme, une vertu sensationnelle, un crime dépassant en horreur les limites de l'imagination, le raissaient placide, résigné, indifférent en apparence, et tout le bruit de l'existence avec ses heurts et ses luttes ne parvenait plus à troubler cette quiétude quasi-solennelle.

Il était encore de ce monde, mais si peu !

Ce bonze nous reçut avec un sourire et nous fit offrir des sièges, du thé et des chiques de bétel. Il ignorait le français; mon interprète traduisit ses paroles :

— Soyez les bienvenus, jeunes gens (M. Bollard et ses cinquante-quatre ans saluèrent). Je vois par le teint de votre visage que vous appartenez à des peuples bien éloignés de nous. J'ai connu un missionnaire qui a mis trois ans avant d'arriver jusqu'ici. Il faut du dévouement et du courage pour accomplir un aussi long voyage.

Je prie notre interprète de demander à ce vénérable bonze si le missionnaire dont il parle est encore dans la contrée.

Notre traducteur me répond :

D'après ce que je crois comprendre, il doit y avoir cinquante-cinq ans que ce missionnaire est mort.

Il nous semble bien que le vieillard a dû en voir quelques autres depuis cette époque, mais, par une particularité singulière, le bonze ne se souvient d'aucun des faits postérieurs à 1850.

Est-ce atrophie de certaines cases du cerveau? Est-ce un système lui évitant toute discussion sur les faits de date relativement récente? Nous l'ignorons ; mais, ce que nous constatons, c'est qu'il ne répond à aucune question relative à l'intervention française au Tonkin.

M. Bollard lui demandant s'il se souvenait de François Garnier le vieillard fait un signe de tête que notre interprète nous dit être une négation.

— Si nous lui parlions des comptoirs hollandais crees dans son pays vers 1637, il serait capable de s'en souvenir.

dit quelqu'un Il n'a pas cent dix ans ; c'est trois cent dix ans
qu'il doit compter.

Comme nous ne **sommes pas venus** chez ce bonze pour y
apprendre l'histoire des **temps anciens**, nous prenons congé
de lui après une **entrevue de vingt** minutes.

Il nous fait au départ **le même** sourire qu'à l'arrivée, et il
l'accompagne du même geste.

Il aura sans doute oublié demain notre visite d'aujour-
d'hui. Mon boy, l'honnête, le brave *Tra*, qui nous a accom-
pagné, me dit, une fois dehors :

— Lui, *viu gaga*, mais bon *viu* tout di même.

Gaga a cent dix ans ! c'est tout à fait oriental. En Europe,
on l'est généralement **beaucoup plus tôt.**

Une des particularités **du caractère des** Annamites est leur
mépris profond de la mort. Ils acceptent de passer de vie à
trépas avec une résignation qui confine à l'indifférence.

Ils n'ont qu'une préoccupation : c'est celle des soins que
recevront leurs dépouilles, lorsque le sabre du bourreau aura
fait tomber leur tête sur l'herbe de la plaine réservée aux
exécutions.

Ils désirent savoir où sera leur sépulture et se réjouissent
d'apprendre qu'ils seront, de la part de leur famille, l'objet
d'un culte incessant.

Il en est qui, pour mettre l'âme d'un condamné en joie,
lui narrent à l'avance les offrandes qui seront faites à ses
mannes.

On lui annonce un fréquent renouvellement de la chique
de bétel, et, par l'imagination, on lui caresse l'odorat des
parfums qui seront brûlés en son honneur.

Le malheureux a même le droit d'éprouver encore un sentiment de fierté.

On lui demande sa protection lorsqu'il sera devenu un esprit dépouillé de son enveloppe charnelle.

Quand leur famille les a rassurés à ces divers points de vue, ils ne se soucient pas plus de mourir que s'ils devaient ressusciter pendant l'heure suivante.

Nous avons assisté à l'exécution de cinq pirates coupables de crimes divers, entre autres de piller les jonques et les sampans remontant le cours du Song-Koï pour transporter des marchandises dans le Yun-Nan.

On avait arrêté ces pirates à Phu-Qui-Hoa, un peu avant Lao-Kay, ville frontière.

Nous allons conter les détails de cette cérémonie tragique :

La décapitation d'un homme est toujours une chose horrible.

J'ai assisté une fois dans ma vie à l'exécution d'un assassin des moins intéressants, et j'ai pu suivre de près tous les préliminaires de la sinistre opération.

J'ai vu le réveil du malheureux; j'étais à quelques mètres de lui pendant la messe dite à son intention dans le parloir converti en chapelle. J'ai entendu grincer sur son cou le ciseau du bourreau taillant une large échancrure autour du col, et j'étais à cinq pas de la guillotine lorsque le couteau triangulaire s'abattit, jetant à l'éternité une tête qui roula sanglante, une cigarette encore aux lèvres, dans le panier placé devant la hideuse machine.

J'eus alors de cette vision macabre une impression angoissée, et, en revenant de la triste cérémonie, je dis franchement au procureur de la République, avec lequel je m'en retournais : — Je n'ai jamais mieux senti qu'aujourd'hui l'abominable chose qu'est la force ruée sur un être désarmé. Je sais bien que la société vient d'assassiner un criminel pour le punir d'un assassinat. C'est la peine du talion qui, n'étant pas dans les lois, se trouve dans les faits.

Ce gredin a lâchement égorgé une mère de famille et ses deux enfants, pauvres petits êtres n'ayant jamais pu nuire à personne ; l'aîné n'avait pas sept ans.

Il n'y a pas de mot pour flétrir un pareil acte, mais pourtant, quand je l'ai vu tout à l'heure, étroitement garotté, dans l'impossibilité de tenter un geste pour se défendre, entouré d'hommes assistant par profession ou par snobisme à son agonie d'une heure, brutalisé par le bourreau lui courbant la tête d'une forte pression de la main pour élargir plus aisément le col de la chemise, j'ai éprouvé un sentiment ressemblant à de la révolte. J'ai eu l'impression de l'abus commis par la force brutale sur la faiblesse pantelante.

Eh bien, cette impression, je l'ai retrouvée le jour de l'exécution des cinq pirates du fleuve Rouge.

Parmi les condamnés, il y avait deux hommes d'une quarantaine d'années, un de soixante ans ; les deux autres étaient d'une extrême jeunesse. Ils avaient peut-être vingt ans ; ils n'en paraissaient pas quinze.

Ils marchaient derrière les trois hommes, garottés comme eux et, comme eux, la lourde cangue au cou.

Ils regardaient la foule avec des yeux angoissés, cherchant instinctivement si, parmi ceux qui venaient les regarder mourir, il n'en était pas un prêt à leur venir en aide.

Ils se sentaient perdus, et pourtant on devinait qu'ils espéraient encore confusément une grâce arrivant à la dernière minute, un sursis d'un moment, la clémence de quelques instants de vie.

Néanmoins, aucun ne demandait grâce.

L'indifférence apparente de leurs camarades marchant devant eux leur donnait le stimulant qui leur eût peut-être manqué, s'ils avaient été seuls.

En arrivant au lieu d'exécution, une plaine voisine de la route de Son-Tay et située à moins d'un kilomètre d'Hanoï, le cortège s'arrêta.

LES TÊTES DES EXÉCUTÉS.

On planta en terre de forts piquets : à chacun d'eux, on attacha un pirate, par la corde lui liant les mains.

Aussitôt liés, sans qu'on les y contraignît et d'un geste naturel indiquant qu'ils savaient, d'avance, tous les détails de l'horrible programme, ils s'agenouillèrent.

Les jeunes gens ne regardaient plus la foule. Ils observaient leurs aînés afin de se modeler sur l'attitude et sur les gestes de ces derniers.

On commença par le plus vieuxdes pirates. Quand il courba la tête, tendant le cou pour recevoir le choc mortel de la lame

UNE EXÉCUTION DE PIRATES

de sabre du bourreau, les autres pirates courbèrent également la tête, attendant la mort, sans un cri, sans une protestation.

Détail tragique : en voyant à distance ces faces contractées, il me semblait apercevoir sur ces visages la grimace gouailleuse du rire, narguant le bourreau, à la minute suprême où la mort saisissait ces hommes d'une étreinte inexorable.

J'ai vu, un jour, dans un incendie, un homme entièrement carbonisé, accroché à une gouttière et qui riait de ce rire-là.

Tout à coup, je vis tournoyer au-dessus de la tête du plus vieux des pirates une lame sur laquelle le soleil levant jeta une étincelle; j'entendis un han! crié d'une voix rauque, et une tête roula dans l'herbe.

Au même instant, un flot de sang jaillit du tronc, encore maintenu au piquet par des cordes.

Ce n'était pas le pirate qui avait crié, c'était l'exécuteur.

Vingt secondes après, nouveau *han!* nouvelle boule humaine roulant à terre et rebondissant sur des touffes de fleurs jaunes, soudainement teintées en rouge.

Je n'en vis pas davantage; et tournant la bride de mon cheval vers la ville, je m'enfuis, courbé sur l'encolure de la bête ayant encore dans les oreilles le cri guttural du bourreau abattant lourdement son sabre et, devant les yeux, la vision de ces têtes roulant sanglantes parmi les fleurs, pendant que jaillissait des troncs une cascade pourpre arrosant l'herbe d'où montait une vapeur.

Quelques heures après, les têtes des cinq pirates, accrochées, par leur long chignon, aux piquets d'exécution, étaient exposées à l'endroit même où avait eu lieu la macabre cérémonie.

Les troncs avaient été emportés dans la matinée et rendus aux familles des condamnés. Les oiseaux pépiaient gaiement dans les haies, et la fleur de lotus se balançait doucement sur sa tige, caressée par une légère brise.

Très haut dans le ciel, des corbeaux traçaient de grands cercles, attendant sans doute la nuit pour s'abattre sur les têtes exsangues.

Au pied des piquets, l'herbe était sèche.

La terre avait bu tout le sang répandu, puisant dans cette rosée sanglante des forces nouvelles pour ses floraisons des lendemains.

CHAPITRE X

SUR LE FLEUVE ROUGE. — KOP VA MANGER LA LUNE. — LAO-KAY. — QUELQUES JOURS AU YUN-NAN. — LE TARIF DES HÔTELLERIES CHINOISES.

Nous avons projeté de remonter le fleuve Rouge jusqu'au point terminus de la navigation à vapeur et de nous rendre dans le Yun-Nan

Notre intention est de nous arrêter d'abord à Lao-Kay, sur la frontière de Chine, mais le voyage est long, et nous devons faire de fréquentes escales.

Nous nous arrêtons un matin dans un village à quelque distance de Himg-Hoa, avec la pensée d'y séjourner pendant vingt-quatre heures. M. Bollard doit s'y livrer à d'intéressantes recherches.

Il nous raconte confidentiellement qu'il pense trouver dans la région boisée de ce pays quelques échantillons de *Lagœrstrœmia*, arbre forestier flexible et à la fois très résistant. Notre savant ne nous dissimule pas davantage qu'il compte, en outre, emporter dans sa boîte en fer-blanc un spécimen du *cyanodaphne cuneata* qui sert à la tabletterie, et, dans l'ordre botanique des *Labiées*, le *romarinus officinalis*, produit pharmaceutique et odoriférant dont il connaît les propriétés bienfaisantes.

Il nous demande le secret sur le résultat de ses recherches, si toutefois elles aboutissent.

— Ce n'est point, nous dit-il, par esprit de lucre, mais simplement pour démontrer plus tard à nos savants français, combien l'étude de la région que nous explorons pourrait avoir d'utilité au point de vue industriel.

Nous promettons à M. Bollard la plus entière discrétion ; néanmoins, comme je doute fort que la révélation de l'objet de ses recherches dans les forêts avoisinant le fleuve Rouge puisse jamais lui susciter un concurrent sérieux, je m'empresse de divulguer son secret.

Pourvu, mon Dieu, que les lecteurs de ce livre n'aillent pas en abuser au point de boucler précipitamment leurs valises pour se ruer à la recherche du *romarinus* ou du *cyanodaphne cuneata!!!*

Dormez tranquille, M. Boniface! Je connais mes concitoyens. Vous leur crieriez vos projets du haut de la Tour Eiffel, que pas un seul ne s'en sentirait troublé au point de faire un trajet de trente jours de mer et de quinze jours de fleuve, — sans compter le temps du retour, — pour vous enlever le bénéfice de vos laborieuses excursions et de vos savantes recherches.

⁂

Ce jour-là, vers cinq heures de l'après-midi, après avoir traversé le village, au retour de sa promenade en forêt,

M. Bollard me rejoignant dans le *cagnia* improvisé par nous en hôtellerie, me dit :

— Il y aura ce soir une éclipse de lune, et j'ai appris tout à l'heure, par l'indiscrétion d'un boy, qu'un sorcier du voisinage annonçait ce phénomène depuis plusieurs jours.

C'est même, ajouta-t-il, une chose curieuse que ce sorcier ait pu indiquer cette éclipse avec tant de précision.

— Ce sorcier-astrologue a sans doute des notions d'astronomie et des instruments lui permettant de faire des observations.

— Je crois plus tôt à une traduction des rapports communiqués à Hanoï et dont il a eu connaissance par des indiscrétions.

— Et comment annonce-t-il l'éclipse?

— Oh! de la façon la plus..... indo-chinoise du monde. Il prédit que Kop, génie des forêts et des fauves, mangera la lune cette nuit, à dix heures neuf minutes.

— Que vont faire les indigènes?

— Nous le saurons ce soir, répondit le sagace et circonspect membre correspondant de l'Institut.

Dès huit heures, c'est-à-dire peu d'instants après le coucher du soleil, tous les indigènes du district, armés de gongs et de tam-tam, se trouvaient réunis au sommet de la colline dominant la contrée.

Immobiles, le nez en l'air et la bouche ouverte, ils contemplaient la lune qui rayonnait placidement au zénith, ne se doutant guère que Kop allait venir la dévorer tout à l'heure.

La nuit était d'une admirable pureté; les étoiles, trouant de points lumineux la voûte d'azur, brillaient d'un scintillement un peu pâle, par suite de la clarté de cette belle soirée tropicale.

M. Bollard, renversé sur le dossier d'un large fauteuil en rotin, dit :

— Un siècle environ avant Jésus-Christ, Hipparque de Rhodes, qui fit un catalogue des étoiles du ciel, en compta 1.022 qu'il nomma, ce qui fit dire à Pline l'ancien : « Nommer les étoiles est une tentative bien audacieuse pour un homme. Elle le serait même pour un dieu. »

Si Pline revenait aujourd'hui et comparait le catalogue d'Hipparque avec celui de l'Observatoire de Paris, il serait bien surpris de voir que les 1.022 étoiles d'alors dépassent actuellement un million, dont on a su déterminer la situation de la façon la plus précise.

— Le ciel de cette époque était pourtant le même que celui d'aujourd'hui, fit observer en riant un fonctionnaire de résidence qui nous accompagnait.

— Pas tout à fait, répondit M. Bollard. Vous n'ignorez point que l'axe de la terre se déplace.

— Ne vous trompez-vous pas? reprit le fonctionnaire après un instant de réflexion. Si votre assertion était exacte, notre étoile polaire, qui est, je crois, à 1° 5′ du pôle, ne se trouverait plus à la même distance, dans quelques siècles.

— Vous n'en pouvez point douter, répondit M. Boniface.

L'étoile de queue de la Petite-Ourse que nous appelons « étoile polaire », parce qu'elle se trouve, par sa situation, à l'extrémité de l'axe de rotation de la terre, ne sera plus au pôle dans quelques milliers d'années. Il y a quatorze mille ans, notre étoile polaire était Véga, de la Lyre; dans onze mille ans, ce sera elle encore qui se retrouvera au pôle boréal.

Le déplacement de la terre est de 23° environ, dans un

espace de temps un peu supérieur à vingt-cinq mille ans. J'ajoute que la Croix du Sud, cette superbe constellation australe que nous admirions tous les soirs pendant notre traversée de l'océan Indien, était encore, il y a trois mille ans, visible en France. Il est vrai qu'à cette époque la France n'était pas encore la France, ni même la Gaule.

— Lorsque Véga sera redevenue de nouveau l'étoile d'orientation, que serons-nous devenus, nous, pauvres atomes montés sur pattes, qui venons en ce moment admirer la lune que va dévorer Kop, dans un instant?

— Qui sait, répondit d'un air rêveur M. Bollard, les yeux tournés vers la voûte du firmament. Nous habiterons peut-être un de ces points lumineux que nous voyons briller dans l'espace et qui sont, en réalité, des mondes!

— Dans ce cas, dit quelqu'un en riant, je voudrais habiter une étoile rouge.

— Il y en a dans les constellations de la Vierge, du Chien, du Cocher, et dans d'autres encore, reprit M. Boniface.

Sirius et Véga sont des étoiles blanches; Acturus et Aldébaran sont jaunes; Antarès est orangée; vous n'avez que l'embarras des couleurs. Messieurs, faites vos choix.

— Et le plus tard possible, en voiture, dit le fonctionnaire.

A ce moment, Tra, mon boy, me tirant par la manche, me dit :

— Moi, Monsieur, pas vouloir aller dans étoile jaune.

— Pourquoi cela? demandai-je, amusé.

— Parce qu'y doit y en avoir beaucoup de Chinois. Moi, pas aimer les Chinois; tous filous!

Tout à coup un vacarme étourdissant se produisit. Vingt gongs, mis en vibration par des bras vigoureux, faisaient un effroyable tintamarre, auquel se mêlait — addition harmonieuse — le bruit de cinquante tam-tam scandant les cris des centaines d'indigènes.

Le phénomène céleste commençait, et avec lui la musique lunaire.

Pendant toute la durée de l'éclipse partielle, le bruit alla sans cesse en augmentant d'intensité ; des pétards éclataient, une fusillade ininterrompue crépitait. Et l'infernale musique continuait d'accompagner, dans une épouvantable cacophonie, cette démonstration tapageuse destinée à effrayer Kop et à lui faire lâcher la lune.

Kop enfin se décida, et au fur et à mesure que le disque lunaire reparaissait, des cris de joie montaient vers le ciel en même temps que les menaces et les imprécations destinées à cet affreux Kop redoublaient afin d'augmenter sa terreur.

Quand tout fut terminé, notre interprète nous dit :

— Pour empêcher le mauvais génie de revenir, ils vont continuer jusqu'au matin a tirer des pétards et des coups de fusil.

— Si vous m'en croyez, nous irons plus loin ? me demanda M. Bollard.

— Bien volontiers, car je n'ai pas la moindre envie de passer la nuit à voir et à entendre tirer des pétards.

Une demi-heure après, nous étions loin de ce bruyant village, et c'est à peine si, de loin en loin, l'écho des montagnes nous renvoyait encore, en notes affaiblies, le bruit de la pétarade dont Kop avait les honneurs.

* * *

Deux jours après, nous étions à Lao-Kay.

On sait que cette petite ville, point extrême de notre possession du Tonkin, se trouve sur la frontière du Yun-Nan.

Par sa situation, Lao-Kay deviendra très prochainement le

lien de transit et d'échange des produits européens avec les produits du sud de la Chine.

Aujourd'hui, cette ville est déjà l'entrepôt naturel des marchandises venant du Yun-Nan Elle fut longtemps un refuge de pirates.

Il a y vingt ans, Lao-Kay était en la possession des Pavillons Noirs, qui percevaient un droit de douane sur toutes les marchandises passant sur le fleuve Rouge. Ce droit dépassait, même après la guerre, 150.000 francs par mois. Il n'en est plus de même depuis que cette ville, qui semble appelée à devenir un grand marché, appartient à la France.

Notre but, en venant à Lao-Kay, était surtout de pénétrer dans le Yun-Nan. Nous nous renseignons sur la marche à suivre pour réaliser notre désir.

On nous donne des indications sur la façon de faire le voyage, et on nous précise, comme ville rapprochée de la frontière, mais présentant néanmoins un réel intérêt, Mong-Tzé. Nous prenons nos dispositions pour partir dans cette direction dès le lendemain.

La durée du trajet de Lao-Kay à Man-Hao est de quelques heures.

Le fleuve est très encaissé, et les rapides qui roulent des galets rendent la navigation très difficile.

Nous avons loué pour nous rendre au Yun-Nan une jonque chinoise un peu moins confortable encore que celle sur laquelle nous nous sommes tenus recroquevillés pendant toute une nuit, dans notre trajet de Tourane à Hué, par le col des Nuages.

Ici, nous avons le droit de nous asseoir à l'avant ou à l'arrière. Quant à prendre place sous la toiture en natte gracieusement arrondie et qui n'est que la demi-circonférence d'un cercle n'ayant pas un mètre de rayon, c'est une alternative assez peu engageante pour que nous y renoncions, sans même nous risquer à faire une tentative.

Du reste, le temps est admirable, et, si nous n'avions pas 38°, nous nous trouverions dans une situation très supportable.

Partis le matin vers sept heures, nous arrivons à deux heures de l'après-midi à Man-Hao.

Cette ville est située à une altitude de 300 mètres au-dessus du niveau de la mer; les grandes jonques ne vont pas plus loin. Il y a là un transbordement des marchandises venant de Hanoï, par Lao-Kay.

On dépose les colis à terre, lorsque ces derniers doivent être dirigés vers Mong-Tzé. Et on porte dans de petites barques à fond plat les marchandises à destination de Yuan-Tchiang.

C'est à Mont-Tzé, ainsi que je l'ai dit plus haut, que nous désirons nous rendre.

Trois moyens de locomotion nous sont offerts : les chevaux, les mulets, ou la chaise à porteurs.

Nous avons beaucoup apprécié en Annam ce dernier système de transport, aussi est-ce celui que nous adoptons.

On nous prévient toutefois que, pour arriver à Mong-Tzé, ville située au fond d'une vallée, nous aurons à faire une ascension presque constante. Avant de descendre dans la plaine, il nous faut atteindre une élévation de plus de 2.000 mètres. Nous en acceptons les fatigues, car, bien que portés sur les épaules des coolies, il y a des pentes qui imposent la nécessité de mettre pied à terre afin d'éviter de se faire raboter les talons à chaque ondulation de terrain.

D'autre part, nos sentiments d'humanité nous incitent à décharger les épaules de nos porteurs sur des côtes pénibles à gravir.

C'est, en réalité, la moitié de la route à faire à pied, mais nous devons coucher en chemin, au quinzième kilomètre environ, et cette perspective de marche en montagne n'est pas pour nous donner une hésitation.

Le lendemain, à la pointe du jour, nous étions en route Nous remarquons, à notre grande surprise, que la voie est dallée et fort bien entretenue. C'est, nous dit-on, la route impériale.

Nous nous arrêtons à Yaot'eou, et deux aubergistes chinois viennent nous faire des offres de services.

La langue chinoise mandarine est la seule usitée dans cette région, aussi, connaissant ce détail, avons-nous emmené avec nous un interprète.

Nous prions le compradore de nous traduire les propositions des hôteliers.

Le programme qu'ils nous exposent ne se recommande pas par une extrême variété.

Ils nous offrent des lits avec moustiques et, comme comestibles, du riz, des œufs et de la volaille. Les denrées se payent avant la cuisson ; les chambres ne se soldent qu'au départ.

En somme, le dîner est à la carte et il se règle au moment de la commande.

Nous acceptons les offres d'un des aubergistes chinois qui se confond en salamalecks, ou — pour parler un langage plus approprié à la région — en *chin-chin*.

Une demi-heure après, nous sommes à table, et nous comprenons pourquoi les plats se payaient d'avance. Les œufs étaient tous d'un âge suffisamment avancé pour avoir le droit de devenir poulets dans les quarante-huit heures ; la volaille offrait au couteau la résistance d'un poulet de théâtre ; il n'y avait réellement que le riz de passable, encore était-il trop salé.

M. Boniface fait remarquer à ce sujet que l'addition,

présentee un instant avant, l'était bien davantage encore.

Le tarif de cette hôtellerie perdue dans un coin du Yun-Nan était plus élevé que celui des grands hôtels des capitales de l'Europe.

Nous manifestons à ce sujet une amertume que transmet le compradore à notre aubergiste.

Ce dernier répond avec tranquillité qu'il n'a pas l'honneur de recevoir chez lui un Européen tous les trois ans, aussi profite-t-il de la circonstance.

Confucius a dit : tout être qui naît a droit à la vie.

Et notre Chinois prétend vivre.. à nos dépens ce jour-là.

Le lendemain, nous déjeunons à Shuit'ien; nous faisons un arrêt d'une heure à Asautchai, et dans l'après-midi nous arrivons à Mong-Tzé.

Cette ville est le centre du marché et de la production du plateau du Yun-Nan, et il est probable que, dans un temps très rapproché, nos négociants et industriels du Tonkin s'y rendront d'une façon très fréquente.

Un détail qui indique combien ce point du Yun-Nan paraît être important : une ligne télégraphique relie actuellement Lao-Kay à Mont-Tzé.

Nous ne séjournons que vingt-quatre heures dans cette ville chinoise.

J'avais pour ma part accompli, en me rendant en ce lieu, un des points de mon programme. Je m'étais rendu compte de l'extrême facilité avec laquelle, en remontant le cours du Song-Coi, on pouvait se rendre de Hanoï au Yun-Nan sans courir le moindre danger, si ce n'est celui d'être écorché par les hôteliers chinois de la région.

M. Bollard, de son côté, était on ne peut plus satisfait.

Il avait augmenté son herbier de quelques plantes, ses bagages de quelques kilos, et c'est avec un accent ému qu'il me dit :

— Si nous séjournions ici huit jours de plus, les quatorze caisses qui vont me suivre en France s'additionneraient de deux colis supplémentaires, et mes concitoyens connaîtraient toutes les variétés du *cyanodaphne.*

Puis, avec un soupir, il ajouta :

— Ils n'en connaîtront que deux !

— Que voulez-vous, M. Boniface! on ne peut pas avoir tous les bonheurs à la fois!

Une hôtellerie au Tonkin.

CHAPITRE XI

LES AUBERGES DU TONKIN. — LE NUOC-MAN.
UNE SOIRÉE CHEZ UN FUMEUR D'OPIUM.

Sur les routes du Tonkin, nombreuses sont les auberges, en plein vent.

Le voyageur qui se rend à pied d'une ville à l'autre trouve très aisément les éléments d'un repas, surtout s'il sait, comme le sage d'Horace, se contenter de peu.

On ne fait pas, dans ces régions, dix kilomètres sans rencontrer une hôtellerie, s'il est permis de désigner sous ce vocable la modeste barraque se dressant sur quatre piquets supportant une toiture de feuillage.

Dans les environs de Keso, non loin de la ferme des 99 Collines, nous avons eu l'occasion de nous arrêter dans une de ces auberges, et nous y avons fait un repas dont j'ai gardé le souvenir, supériorité sur mon estomac qui n'en a rien conservé.

Nous avions quitté le **Yun**-Nan depuis plusieurs jours, et nous redescendions le fleuve Rouge avec une rapidité qu'expliquait le fort courant nous entraînant vers Hanoï, lorsque M. Bollard, que son désir d'herboriser hantait jour et nuit, fit la proposition de quitter le bateau pour parcourir pédestrement la région avant de regagner la capitale tonkinoise.

J'avais adhéré a ce projet, et, pendant que plusieurs de nos compagnons continuaient de naviguer, nous nous enfoncions dans les terres, M. Boniface et moi, accompagnés d'un compradore et de dix coolies portant nos bagages.

A l'entrée d'un bois, nous avisons une maison ayant des apparences d'hôtellerie. C'en était une.

Nous questionnons le Chinois tenancier de cette auberge sur le menu du jour, et voici ce que le compradore nous traduit de la réponse de l'excellent homme :

— J'ai à offrir à ces messieurs du riz cuit à l'eau et un bon morceau de chien rôti, arrosé de nuoc-man.

Le compradore annamite, en nous énonçant ces choses, avait dans l'œil un éclair de convoitise indiquant combien lui paraissait agréable un pareil festin.

M. Bollard et moi restons sans enthousiasme.

Le chien rôti, passe encore; mais le nuoc-man... pouah!

On comprendra notre répugnance quand nous aurons dit que le nuoc-man est fait de poissons corrompus jusqu'à la liquéfaction. Les indigènes laissent fermenter dans des jarres en terre cette décomposition, et, quand elle exhale une odeur repoussante, on l'additionne de quelques piments et on obtient ainsi une sauce relevée, considérée par les Annamites comme supérieurement appétissante. Je dis à l'interprète :

— Répondez à votre gourmet d'aubergiste que nous acceptons le chien rôti, mais il pourra faire l'économie de son nuoc-man.

— Impossible, nous répond-on. La gigue du toutou n'est plus à cuire. Elle mijote depuis hier dans le nuoc-man parfumé. Impossible de séparer la viande de son condiment.

J'exprime ma répugnance pour ce plat odoriférant, et le compradore me répond :

— Est-ce que Monsieur aime le fromage?

— Beaucoup.

— Tous les fromages?

— A peu près tous.

— Même le géromé?

— Même le géromé.

— Et aussi le roquefort?

— Ah çà! mais tu connais donc tous les fromages de France pour les nommer ainsi?

— Je connais le roquefort et le géromé, parce qu'un manuel annamite affirme que ce sont les deux fromages qui sentent le plus mauvais.

— Bon! mais pourquoi cette suite de questions?

— Parce que les fromages que j'ai nommés sont aussi le résultat de la décomposition et de la pourriture. Les vers y grouillent, et il y a pourtant des Français qui les trouvent délicieux. C'est pourtant beaucoup plus dégoûtant que le nuoc-man, que la fermentation a débarrassé de certaines impuretés!

L'observation du compradore annamite, sans vaincre par une inutile comparaison mes répugnances, me décide toutefois à goûter le chien arrosé de nuoc-man.

M. Bollard, après un moment d'hésitation, s'attable avec moi devant ce plat indigène.

Il a très faim, et on ne lui a pas laissé l'embarras du choix.

— Je suis un résigné! soupire notre savant, en décou-

Une route au Tonkin

pant dans son assiette quelques morceaux de chien dûment
arrosés de la fameuse sauce.

Nous portons à nos lèvres au même instant, et en nous
observant du coin de l'œil, la première bouchée ; subitement
nous échangeons une grimace.

Le salmis de pattes de canard à l'huile de ricin de notre
menu chinois du mois dernier nous avait paru moins mauvais.

Pour essayer de réagir, et nous remettre le cœur en place,
je risque cette comparaison :

— On croirait manger un morceau de viande au beurre
d'anchois.

— Quelle viande!. . et quel beurre! gémit M. Bollard, qui,
la fourchette levée, ne sait plus s'il doit se risquer à continuer l'expérience

Il convient d'ouvrir ici une parenthèse pour expliquer
que nos fourchettes provenaient de nos nécessaires de
voyage, l'aubergiste nous ayant simplement offert à chacun
deux petites baguettes de bois, selon la méthode sino-anna-
mite.

Nous risquons la deuxième bouchée, mais avant la troisième, les deux convives avaient disparu, l'un à droite,
l'autre à gauche.

— Nous n'avons pas l'estomac conservateur, dit un instant après M. Bollard, en demandant un verre d'eau.

.•.

Quelques jours après, nous étions de retour à Hanoï.

Nous utilisons notre séjour dans cette ville en la parcourant dans tous les sens. Nous visitons la rue des Incrustations, la rue de la Soie, la rue des Cercueils, etc...; je l'ai

dit plus haut, toutes indiquent par leur nom le genre de fabrication ou de commerce qui s'y fait.

Dans chacune de ces rues, nous nous arrêtons pour pénétrer dans quelques boutiques. Nous y voyons exécuter sous nos yeux le travail des indigènes.

Il y a là de fort habiles ouvriers, et, dans le quartier de la soie brochée, par exemple, nous assistons à des travaux d'une délicatesse exquise affirmant un art consommé de la reproduction des fleurs et des oiseaux.

A l'heure des repas, nous nous rendons au cercle, superbe bâtiment construit à l'européenne où un cuisinier de premier ordre nous fait oublier les menus bizarres qui nous ont été servis au cours de nos pérégrinations.

C'est notre ami Escande, inspecteur des postes, qui nous fait les honneurs de cette maison hospitalière.

Un soir nous décidons de nous rendre au théâtre d'Hanoï pour y entendre la troupe d'opéra et d'opéra-comique venue d'Europe.

En pareille matière, on n'a pas le droit d'être difficile à 20.000 kilomètres de Paris. On nous sert comme nouveauté de la saison : le *Voyage en Chine*.

Le deuxième acte nous trouve fuyant à travers les rues. ayant encore dans les oreilles le fausset de la chanteuse et les borborygmes du ténor. Le théâtre chinois de Pnom-Penh était plus drôle.

*
* *

Deux jours avant notre départ pour Haïphong, un Français, habitant Hanoï, m'invite à passer la soirée chez lui.

C'est un grand fumeur d'opium devant l'Éternel. Il a le teint mat, d'une lividité étrange, ses yeux ont des prunelles

démesurément agrandies, sa maigreur **nous fait songer** au
sorcier Rach-Tra de la pagode cambodgienne.

Nous prenons en sa compagnie quelques tasses **de thé**, et
nous le voyons se **livrer sous nos yeux, allongé sur un divan,**
à son plaisir favori.

Il prépare lui-même sa pipe avec le plus grand soin, faisant tourner au-dessus d'une petite lampe allumée une boule d'opium suspendue **à** l'extrémité d'une longue aiguille.

Quand l'opium **est à** point, il le dépose sur le fourneau de sa pipe en écaille, introduit l'aiguille dans l'ouverture pour établir le tirage, porte l'extrémité ambrée du tuyau à sa bouche, aspire lentement et chasse la fumée, la tête renversée en arrière dans une pose de béatitude.

Une pipe d'opium se fume en dix secondes. Aussitôt que s'est déroulée en volutes bleuâtres la dernière spirale de fumée, notre hôte se relève **un peu et nous dit :**

— C'est exquis !

L'odeur âcre et très particuli**ère qui nous** prend à la gorge nous empêche de considérer **son affirmation** comme exacte, et je lui fais part de mes doutes.

— Voulez-vous me préparer **une pipe?** lui demandai-je. Je ne me rends pas très bien **compte** des sensations agréables que peut vous produire l'opium. **Je ne** serais pas fâché d'en goûter un peu.

— Jamais, me répond-il, **je ne consentirai à** vous faire fumer chez moi une pipe d'opium.

— Et pourquoi cela ?

— Parce que la première pipe, sans vous donner **la** sensation délicieuse éprouvée par un fumeur comme moi, stimulerait votre curiosité et vous ferait en goûter une seconde, puis une troisième, **et sur cette pente on ne** sait jamais **quand on s'arrêtera.**

Il y eut un instant de silence, puis, il reprit :

— C'est-à-dire que je le sais, moi, où je m'arrêterai. Dans six mois, peut-être moins, mais très certainement pas plus, j'aurai cessé de m'engourdir l'intelligence et d'atrophier en moi tout ce qui reste de vitalité.

— Que voulez-vous dire ?

— Simplement que je serai mort. Regardez-moi un peu attentivement, et vous comprendrez qu'en m'accordant un délai de six mois avant de quitter ce monde j'exagère.

— Puisque vous connaissez le résultat fatal où vous conduit l'opium, pourquoi continuez-vous à fumer ce poison ?

— Pourquoi ? mais parce que je ne puis plus m'en déshabituer, parce que l'opium m'est nécessaire comme à un chien sa pâtée quotidienne, parce que la terrible substance s'est emparée de moi, m'intoxiquant jusqu'aux moelles, et qu'il me serait impossible, aujourd'hui, de me passer d'elle.

— Pourtant, avec un peu d'énergie, vous pourriez renoncer à une habitude qui vous tue.

— Je n'ai plus d'énergie.

— Un ami dévoué pourrait en avoir pour vous et vous supprimer l'opium et la pipe, en jetant ces deux choses par la fenêtre.

— D'abord, je n'ai pas d'ami ; ensuite, si j'en avais un et qu'il fasse ce que vous venez de dire, je le chasserais, puis, j'irais ramasser ce qu'il aurait jeté.

— Mais la pipe se briserait en heurtant le pavé ?

— Je courrais en acheter une autre, deux autres, vingt autres que je cacherais soigneusement afin qu'on ne puisse pas me les dérober.

— Pourtant si, malgré tout, on arrivait à vous empêcher de vous livrer à votre manie ?

— Dites mon vice. Eh bien ! si je manquais d'opium, ce

soir par exemple, sans espoir d'en avoir avant longtemps, je
me brûlerais le peu qui me reste de cervelle cette nuit même.

— Vous ne parlez pas sérieusement?

— Hélas ! je ne sais que trop combien je dis la vérité en
ce moment. L'opium est la seule chose qui me donne encore
la force de vivre. J'ai un amer dégoût de tout ce qui m'entoure. Les réalités de l'existence me choquent ; j'ai besoin du
rêve qui me fait oublier et qui m'entr'ouvre la porte des
régions paradisiaques entrevues dans mes extases.

Je ne suis plus le même homme quand j'ai fumé cent
pipes d'opium. Je perds d'une façon absolue la notion des
choses. L'ivresse qui paralyse mes membres active momentanément mon cerveau, et, à ce moment-là, je possède une
acuité de vue extraordinaire. Je lis dans le cerveau de ceux
qui m'entourent avec plus de précision que n'en avait
l'homme qui regardait à travers le lorgnon magique de
Mme de Girardin.

Puis, quand l'ivresse s'est dissipée, je retombe lourdement dans les réalités, avec un peu plus d'amertume au
cœur, avec plus de lassitude de la vie et un immense besoin
de m'endormir du sommeil dont on ne se réveille plus.

Aussi, je n'appelle pas la mort, mais je la sens venir, et je
ne fais rien pour l'éviter.

J'avoue que les déclarations de cet homme me troublaient.
Il était très visiblement d'une sincérité absolue. L'opium
a-t-il donc de si terribles effets !

Pendant qu'il me disait ces choses, il avait préparé une
seconde pipe. Il la fuma comme la première, et je retrouvai
dans son regard, dans la détente visible des muscles de cette
face blafarde, la même expression de béatitude que tout à
l'heure.

— Avec une façon de vivre aussi étrange, lui dis-je, vous
ne devez pas aimer le monde et les visites?

— Je n'aime que la solitude.

— Dans ce cas, pourquoi m'avez-vous invité à venir prendre le thé chez vous?

— Parce que je sais que vous ferez un livre sur votre voyage en Extrême-Orient et qu'il sera peut être utile pour d'autres de signaler les effets pernicieux de l'opium.

— Alors, vous désirez que je raconte notre entrevue de ce soir?

— Je n'ai pas eu d'autre but en vous priant de me venir voir. Je vous prie surtout de ne rien omettre.

Quand votre livre paraîtra, je serai mort, mais il y a de mon cas une leçon à tirer. Racontez simplement ce que vous avez vu, et, si mon histoire peut mettre en garde contre l'opium ceux que les hasards de la vie appelleront plus tard à séjourner en Extrême-Orient, vous aurez fait une œuvre utile en signalant à tous la criminelle substance.

CHAPITRE XII

A LA PLAGE DE DO-SON. — UN PUGILAT ENTRE CHINOIS. — HONG-KONG. —
DEUX JOURS A CANTON. — LE RESTAURANT FLOTTANT.

Nous avons quitté Hanoï depuis douze heures, et nous voici de nouveau à Haïphong, parcourant ce qui reste du vieux quartier indigène et cherchant à y retrouver un peu du cachet pittoresque qu'il avait avant l'occupation française.

Nous sommes invités à assister à une course en baquet qui doit avoir lieu vers cinq heures du soir. Une description de ce genre de sport est inutile, le nom seul de ces courses en faisant comprendre le caractère et deviner les péripéties.

Nous avons toutefois constaté que la première des qualités des concurrents était de savoir nager, car fréquents sont les plongeons dans l'exercice de cette gymnastique aquatique.

Notre boy, qui connaît les distractions de la ville, nous affirme que c'est beaucoup moins amusant que la course aux canards. Nous regrettons de ne pouvoir faire une comparaison, mais il nous faudrait attendre une huitaine de jours, et le temps nous est compté. Le paquebot partant pour Hong-Kong doit quitter Haïphong le surlendemain.

Nous profitons de la matinée de notre dernière journée de séjour dans ce port pour nous rendre dans la presqu'île de Do-Son, station balnéaire très fréquentée par les habitants de Haïphong.

Ici, un détail pittoresque nous attendait.

Dane notre voyage en Annam, nous avions usé, comme moyen de locomotion, de la chaise à porteurs, et nous avions eu quelque honte pendant les premières heures du voyage à nous voir porter par quatre Annamites que ce lourd fardeau obligeait à de fréquents changements d'épaules.

Qu'eussions-nous pensé si nous avions été contraints d'employer le système en usage à Do-Son !

Ici, ce ne sont point des hommes qui portent les chaises suspendues: c'est aux femmes que revient cet honneur... ou cette corvée.

Et il est inutile de solliciter des coolies d'un autre sexe pour ce genre de transport. Les femmes en ont fait une spécialité et comme, après tout, elles y trouvent le bénéfice de quelques piastres, on a le sentiment qu'on les désobligeraient fort en refusant leurs services.

Toutefois, ce n'est point avec enthousiasme qu'elles ont accepté d'accaparer à leur profit cette industrie pénible. Elles ont le mépris le plus complet de l'homme qu'elles véhiculent, et il n'est pas rare d'entendre des dialogues de ce genre entre les porteuses promenant un Européen et des compagnes rencontrées en chemin.

— Où vas-tu donc ainsi ?

— Au marché.

— Pourquoi faire.

— Pour y vendre le porc que tu vois s'étaler dans cette

PLAGE DE DO-SON

chaise, le groin au vent, le sang riche, prêt à toutes les saignées.

Les amies applaudissent à l'image des boudins entrevus, sachant néanmoins que le porc en question n'est pas, par destination, réservé à faire étalage dans une boutique de charcuterie, entre la saucissonnaille et le gigot de chien.

Naturellement, ces aimables appréciations sont toujours formulées en dialecte indigène, ce qui en évite la pénible compréhension à la plupart des Européens.

Sur la plage de Do-Son, nous assistons à une bataille en règle entre deux Chinois.

L'un des deux avait qualifié l'autre : « d'œuf de sauterelle », grave injure à ce qu'il paraît.

L'insulté avait aussitôt roulé autour de sa tête sa longue natte, et, après avoir gratifié son insulteur de l'épithète vengeresse de « crabe bouilli », s'était jeté sur lui pour le mordre.

Dans les pugilats entre Chinois, les dents jouent un rôle aussi important que les poings.

Les deux antagonistes étaient en train de se rouler consciencieusement sur le sol, essayant réciproquement de s'emplir la bouche de sable, lorsque la police arriva.

Elle emmena nos deux Chinois, qui, tout en marchant dans la direction du poste, ne cessaient de s'invectiver.

A un certain moment, l'un d'eux s'arrêta brusquement pour essayer de s'élancer de nouveau sur son adversaire, qui venait de le flétrir de l'épithète humiliante de « foie de tortue ».

Foie de tortue succédant à « crabe bouilli », c'en était trop.

L'insulté, la bouche largement ouverte, réussit à se dégager des agents qui le tenaient et, se ruant sur « œuf de sauterelle », lui croqua le cartilage de l'oreille droite d'un seul coup de dent. Le blessé se mit à hurler.

Les agents appelèrent à l'aide, et on réussit, non sans peine à ligoter étroitement « crabe bouilli » pendant que l'on conduisait chez un apothicaire du voisinage, l'infortunée victime de cet accès d'anthropophagie.

Nous étions à peine remis de la légère émotion produite par le spectacle de la lutte de ces deux hommes, lorsque notre interprète nous dit :

— Dans la colonie chinoise, on prétendra demain que c'est la faute du résident.

— Pourquoi cela ?

— Parce que, pour un Chinois, tout fonctionnaire est responsable non seulement des actes de ses administrés, mais même des manifestations de la nature.

Quand la famine se produit, c'est parce que le chef de la province mange trop ; quand vient la sécheresse, c'est qu'il boit trop ; quand ses administrés se battent, c'est qu'il a apporté dans sa province de mauvais génies qui jettent la discorde entre les hommes ?

— Ce fonctionnaire ne commande pourtant pas aux éléments ?

— Non, mais il a pour devoir — ce sont les Chinois qui le disent — de ne pas détruire le *fong-choui*, c'est-à-dire l'harmonie de la nature. Les génies malfaisants n'arrivent que lorsque cette harmonie est détruite ; aussi, pour que tout aille bien en Chine, il ne faut rien changer de ce qui existe.

En écoutant notre interprète, nous comprenions de plus en plus comment, dans l'immense Empire Chinois, la marche du progrès était si lente. La superstition s'oppose à toute initiative et maintient la routine séculaire.

On est si rétif à toute innovation que la première locomotive qui parcourut un certain espace en territoire chinois dut être peinte en jaune, toute autre couleur étant de

nature à provoquer la colère des génies et à attirer sur les
pays traversés par la voie ferrée les calamités de la terre et
du ciel.

*
* *

Le point terminus de notre voyage en Extrême-Orient
devait être Canton ; aussi, pour nous rendre en cette ville
chinoise, prenons-nous un des paquebots de la Compagnie
Marty et d'Abbadie, faisant le service entre Haïphong et Hong-
Kong. Cette île est située, comme on sait, à l'embouchure
de la rivière de Canton et à 236 kilomètres de cette ville.

Trois jours après notre départ du grand port du Tonkin,
nous étions dans « l'île aux eaux parfumées », ainsi que
Hong-Kong — de son nom primitif « Hiang-Kiang » — est
désignée par les Chinois.

Hong-Kong appartient aux Anglais depuis 1841. Ils en ont
fait un port admirable, où tous les grands paquebots du
monde — nous entendons ceux qui, venant d'Europe ou
des Indes, se rendent en Chine et au Japon et *vice versa* —
semblent se donner des rendez-vous.

Placé en avant du littoral chinois, ce port est certainement
un des plus fréquentés des grands centres situés sur le littoral des mers de l'Extrême-Orient.

L'aspect de Hong-Kong, vue du large, rappelle un peu
Gibraltar. Toute la ville s'étage sur les flancs d'une haute
montagne. Une végétation admirable donne à ce pays un
caractère particulièrement séduisant.

En débarquant, nous sommes arrêtés par des porteurs
de chaises qui nous proposent de nous monter au grand
hôtel, dont nous avons distingué, de la mer, la grandiose
silhouette.

Nous acceptons, et nous voici véhiculés, à travers les larges

rues bien dallées et supérieurement entretenues qui ser-
pentent le long de l'énorme rocher basaltique.

Partout, des cottages s'épanouissent au milieu des banians,
des bambous et des pins.

Hong-Kong nous a laissé l'impression d'un pays ravissant
que les Anglais soignent avec amour.

En un jour, on peut parcourir l'île entière, qui ne compte
pas plus de 12 kilomètres du nord au sud et de 16 kilomètres de l'est à l'ouest.

La population la plus bariolée de l'univers s'y rencontre. Il
y a là, sans parler des Européens : des Parsis, des Hindoux,
des Birmans, des Polynésiens, des Manillais, et surtout des
Chinois, qui, sur une population totale de 250.000 habitants
environ, fournissent un chiffre de plus de 180.000.

On nous affirme que les Anglais ont créé à Hong-Kong
plus de cent écoles fréquentées par 6 ou 7.000 élèves et dans
lesquelles on enseigne la langue anglaise en même temps que
tout ce qui peut servir utilement les intérêts britanniques.

Toujours pratiques, nos voisins d'outre-Manche !

Vingt-quatre heures de séjour dans un hôtel des plus confortables, où se trouvent réunies les innovations les plus
récentes des grandes hôtelleries européennes, et nous partons pour Canton, située à 236 kilomètres. Nous y arrivons
le lendemain.

***

Canton est une des cités les plus curieuses du monde, à
ce que racontent ceux qui ont parcouru le globe dans tous
les sens.

Nous qui n'avons fait, pour l'instant, que la moitié du tour
du monde, nous déclarons hardiment que c'est, en tous cas,

une des villes les plus sales de l'Extrême-Orient, additionné
de l'Extrême-Occident et des contrées intermédiaires.

Les rues sont étroites, tortueuses et surtout nauséabondes.
Une immense population y grouille, et il faut croire que les
habitations des vieux quartiers chinois sont bien désa-
gréables, car plus de 300.000 habitants sur 1.800.000 se sont
réfugiés sur l'eau.

Le Si-Kiang, sur la rive gauche duquel s'étend cette
immense ville, se divise en plusieurs branches formant entre
elles des îles dont les bords sont sillonnés de jonques.

Tous les canaux sont envahis par les bateaux. On naît à
bord de ces derniers, on y grandit, on s'y marie, et on y
meurt. C'est une véritable ville flottante avec ses boutiques,
ses marchés et toute la vie des grandes cités bâties en terrain solide.

Nous avisons un restaurant en pleine eau, ayant inscrit
sur ses larges voiles brunes : *Yunk-Poo*. Cela signifie, paraît-
il : « Restaurant de viande. »

Nous abordons le restaurant flottant, et nous nous atta-
blons avec un appétit nous permettant de risquer même un
menu chinois.

Notre interprète nous traduit la carte. Nous pouvons nous
faire servir à notre choix du chat aux châtaignes, des tripes
de chien sauce *soja* (en France, on prononcerait *ravigote*), du
rat aux bourgeons de bambous, de la tortue en compote,
du hibou aux champignons. Comme entremet, un plat rare
est offert à nos goûts raffinés : il s'agit d'une casserolée
d'yeux de chats à la sauce tartare.

Nous entendons l'énumération de ces divers plats qui,
pour un Chinois, seraient sans doute tous plus appétissants
les uns que les autres; mais nous n'avons malheureusement
pas su nous débarrasser de nos goûts européens, et c'est
avec un dédain visible que notre gargottier nous voit dési-

gner d'un index timide **une paire** de pigeons pendus à la voilure.

Nous prions notre interprète de lui faire comprendre que nous nous contenterons de **ces** pigeons et d'une soupe à la tortue.

Nous renonçons même à accepter les œufs durs peinturlurés en vert, nous souvenant qu'au Yun-Nan on nous en avait servi qui avaient été couvés pendant plusieurs jours avant la cuisson.

Nous arrosons de thé notre modeste repas, et nous nous faisons ensuite descendre à terre pour parcourir la ville.

Notre interprète nous traduit les noms des rues et quelques insignes. Il y a la rue des Béatitudes, du Soleil-Bleu, du Nuage-Éclatant, du Dragon-de-Feu, du Poisson-Salé, des délices-Mortelles, des Extases, de la Crevette-Verte, des Amours-Éternelles, etc.

Toutes les boutiques chinoises sont, comme à Hanoï et à Haïphong, dépourvues de vitres, et chaque spécialité se cantonne, d'une façon exclusive, dans un même quartier.

Nous voyons faire en plein vent des incrustations sur laque, de la sculpture sur bois, du brochage de soie, de la peinture sur porcelaine, des tapis, des broderies.

Cette grande ville semble, dans ces bas quartiers, une ruche en travail.

Quand nous revenons au bord du canal pour remonter en bateau, nous apercevons un autel dressé sur une jonque où des bonzes accomplissent une cérémonie religieuse.

A la voilure du bateau sont attachées des bannières blanches. Il paraît qu'il s'agit des funérailles d'un épicier flottant, décédé la veille.

Son épicerie remorquée par la jonque des bonzes traverse la rangée des barquettes amarrées le long du bord du canal.

Un enfant, l'air insouciant, tient le comptoir de la boutique

navigante, les joues gonflées par quelque chose sur la nature
de laquelle on n'est pas fixé. Est-ce une chique de bétel?
Est-ce une pastille de chocolat? Mystère !

En tous cas, il n'est pas douteux qu'il abuse des bocaux
laissés à portée de sa main.

On ne croirait guère qu'il conduit un deuil.

Nous arrêtons une chambre sur l'eau dans un des nombreux hôtels ancrés sur le Si-Kiang, et nous nous endormons
bercés par une musique d'une étrange douceur. Les musi-
ciens descendent au fil de l'eau, sur un bateau brillamment
illuminé.

Le lendemain matin, nous devons quitter la Chine pour
descendre à Saïgon et de là rentrer en France.

CHAPITRE XIII

UN REGRET DE M. BOLLARD. — AU PAYS DES MOÏS. — UNE NUIT
DANS LA FORÊT. — UN RÊVE TROUBLÉ.

— Savez-vous, me demande un matin M. Boniface, en
sortant de sa cabine, ce que je regretterai le plus, quand je
serai rentré en France ?

— Ce sera, je pense, de n'avoir pas complété un tour du
monde dont vous aurez fait la moitié ?

— Ceci pourrait, en effet, me donner quelque amertume ;
mais, comme je me promets de voir l'Amérique un jour ou
l'autre et de faire un voyage spécial au Japon, mes regrets,
à ce point de vue, se trouvent très atténués.

— Vous n'aurez pas vu le Siam.

— Le Siam ne fait pas partie de l'Indo-Chine, et, d'ailleurs,
je n'éprouve pas le désir de voir Bangkok. Je sais que le jeu
des trente-six bêtes y est toujours en faveur et que cette

ville est le plus vaste tripot de tout l'Extrême-Orient. Or je ne voyage pas pour perdre mes écus au jeu.

— Est-ce le Laos à peine entrevu qui vous laisse le regret de n'avoir pu l'explorer ?

— Non, car les villages laotiens bâtis sur pilotis, ressemblent fort aux villages du Cambodge des bords du Mékong.

La population laotienne est également une copie de la population cambodgienne. On trouve chez ces deux peuples les mêmes qualités et les mêmes défauts. L'oisiveté a détruit chez les Laotiens toute énergie, et ils ne sont pas plus capables de se défendre contre une incursion des Siamois que les sujets du roi Norodom.

Ajoutez à cela que les vêtements des Laotiens sont semblables aux vêtements annamites, que la base de la nourriture de ces populations est, comme dans toute l'Indo-Chine, le riz cuit à l'eau et le poisson salé, que leur religion est le bouddhisme et qu'ils sont presque aussi sales que les habitants des bas quartiers de Canton.

Je sais tout cela, et, comme il n'y a rien là que des choses déjà vues, je ne regrette pas de n'avoir point parcouru ces contrées dans toute leur étendue.

— Alors que regrettez-vous ?

— Je n'aurai pas vu les Moïs, et je sais que de Saïgon pour se rendre dans la région montagneuse habitée par ces peuplades il n'y a que trois jours de voyage.

— Eh bien ! mais, cher monsieur Boniface, il est encore temps de vous enlever, à ce sujet, tout motif de regret. La mer de Chine se montre relativement clémente depuis plusieurs jours, aussi serons-nous demain à Saïgon, et, avant le départ du prochain paquebot pour la France, il nous restera une semaine à séjourner en Cochinchine. Voulez-vous que nous allions voir les Moïs ensemble ?

— Votre proposition m'enchante, et je l'accepte de tout cœur.

— Très bien ; maintenant, un mot encore : on assure que rien n'est plus facile, dans les forêts du pays des Moïs, que chasser le tigre. Cet animal se trouve partout, et nous pourrions peut-être essayer de rapporter de cette excursion une ou deux superbes descentes de lit. Qu'en pensez-vous ?

— Je pense, monsieur Tartarin, qui n'êtes pas de Tarascon, que rien ne vous empêchera d'aller contempler de près le pelage des tigres, surtout si vous les attendez, héroïquement campé au sommet d'un bon mirador, inaccessible à leurs griffes. De là haut, vous pourrez ressusciter les exploits de Bombonnel et faire, sans en risquer une égratignure, une hécatombe de fauves. Je retiens une des peaux.

— Convenu. J'accepte l'hécatombe.

— Et le mirador, naturellement.

— Hum ! monsieur Boniface, vous m'en demandez plus que je n'en raconterai si je vais à la chasse au tigre.

— Je n'insisterai point ; seulement n'oubliez pas, si vous en tuez trois ou quatre, de me mettre également quelques griffes de côté.

— Vous les ferez monter en broches ?

— Non, je les offrirai au musée de ma ville avec une notice très élogieuse concernant l'héroïque chasseur.

— Votre ironie me désarme d'avance, je renonce à la chasse au tigre et au mirador...

— Mais vous venez quand même au pays des Moïs ?

. — Certainement.

— Dans ce cas, tout est pour le mieux. Du reste, ajoute M. Bollard me parlant presque à l'oreille, je connais, rue Catinat, à Saïgon, un bon Chinois qui vous cédera toutes les peaux de tigre que vous voudrez à raison de 50 piastres l'une.

— Merci du renseignement ; j'en userai peut-être.

.*.

Le lendemain nous arrivions à Saïgon, trois jours apres au pays des Moïs.

Depuis longtemps, il existe sur les Moïs une légende dont il nous a été impossible de contrôler l'exactitude et qui prétend que ces peuples, restés en partie sauvages, ont une conformation physique présentant une particularité singulière. Ils auraient une continuation de la colonne vertébrale formant un appendice rigide d'une longueur de 0,20 à 0,25 centimètres.

Les sièges sur lesquels ils ont l'habitude de s'asseoir seraient percés au centre d'un trou permettant aux vertèbres supplémentaires de se loger.

Nous n'avons pu vérifier le fait, les Moïs des tribus du Sud, bien que présentant une certaine ressemblance avec ceux du Nord, n'ont pas l'appendice caudal qu'on affirme exister chez ces derniers.

Voici maintenant ce que nous avons vu :

Après de longues heures de navigation sur un arroyo traversant une forêt de vaste étendue, nous apercevons tout à coup, au débouché des bois, quelques habitations élevées sur pilotis, le plancher à deux mètres du sol.

En nous apercevant, plusieurs indigènes vêtus d'une simple ceinture d'écorce faisant le tour des reins et passant entre les jambes s'enfuient de toute la vitesse de leurs jambes en poussant des cris.

Notre guide nous explique que ces Moïs, longtemps traqués par les Annamites et les Chinois, sont très craintifs et redoutent l'étranger à l'égal des fauves.

En nous approchant des cases reposant sur des bambous

et sur des troncs d'aréquiers, nous constatons l'absence d'escalier pour pénétrer dans l'intérieur des maisons.

Une échelle grossièrement construite est en ce moment accrochée horizontalement sur la façade de la case et à une certaine hauteur. On la descend seulement, nous dit-on, lorsque le femme veut rentrer au logis. Quant aux hommes, ils se hissent dans leur maison à la force du poignet.

Nous voici loin des rampes mobiles et des ascenseurs.

Notre guide fait entendre un appel en dialecte du pays pour rassurer ceux qui pourraient se trouver dans l'intérieur de la case et les inviter à nous laisser visiter leur habitation.

Une tête effarée, surmontée d'une tignasse broussailleuse, se montre à l'une des ouvertures.

Le guide lui parle d'une voix douce, et ce qu'il lui dit doit être bien convaincant, car, une minute après, une échelle de trois échelons était descendue pour nous rendre l'ascension plus facile.

Nous voici dans l'intérieur de la maison. Le mobilier est d'une simplicité difficile à dépasser : il se compose de quatre nattes et d'un foyer fait de deux larges pierres sur lesquelles repose une marmite en terre. Accrochée à l'un des montants supportant la toiture en feuillage, nous remarquons deux arbalètes, des flèches, une lance et une cognée.

Le Moïs, très sobre, se nourrit du riz qu'il cultive et du produit de sa chasse.

Il emploie deux moyens pour se procurer du gibier : il se sert de son arbalète, ou dresse des pièges.

La cognée est un instrument indispensable à l'indigène, non seulement pour abattre le bois nécessaire à son foyer, mais aussi pour l'aider à se frayer un passage à travers l'épaisse forêt vierge, où la végétation, poussant au hasard des sèves, présente partout des embroussaillements inextricables.

Les Moïs

Il n'y a là ni chemins, ni sentiers, et, le jour où nous devrons ouvrir des routes, c'est probablement à l'incendie que nous devrons recourir.

Ce jour, toutefois, ne semble pas prochain, les communications avec le pays des Moïs ne présentant à l'heure actuelle qu'une utilité très relative.

Le jeune Moïs qui nous a ouvert sa demeure est allé se blottir, accroupi, dans un coin, et nous observe d'un œil craintif.

Notre interprète lui adresse de nouveau la parole et réussit à le rassurer, car l'adolescent se décide à se lever et à quitter sa place.

Il se dirige vers la porte de la case — non sans avoir fait un détour pour ne point passer trop près de nous — et se laisse glisser dehors.

— Il va chercher ses camarades, nous dit le guide, et les assurer de nos très pacifiques intentions.

Nous regagnons le sol en nous servant de l'échelle rustique dont M. Bollard achève, par son poids, la dislocation.

Un instant après, toute la famille du Moïs propriétaire de cette case était réunie sous le plancher de la maison.

Nous les plaçons sur un rang et auprès d'eux notre guide et sa congaye, compagne fidèle n'ayant pas consenti à se séparer de son époux, même pour quelques jours.

M. Bollard braque sur le groupe son appareil photographique et, avec un soupir de satisfaction, nous dit :

— Il n'y a pas grand'chose à emporter de ce pays, mais je pourrai, du moins, présenter à mes concitoyens un échantillon du type des Moïs.

Pendant que M. Boniface prépare son appareil, un enfant indigène, saisi de frayeur, s'enfuit à toutes jambes. Les autres membres de la famille nous donnent la satisfaction de se prêter sans résistance à la petite opération. Ils ne semblent pas très rassurés néanmoins, et c'est avec un air visiblement soulagé qu'ils nous voient, un instant après, regagner notre chaloupe, laissée à quelques cents mètres de là, et repartir sous la haute voûte de verdure que la forêt arrondit en dôme au-dessus de nos têtes.

* *

— Nous ferions sagement de passer la nuit en forêt, nous fait observer notre guide, car la navigation, déjà difficile pendant le jour, devient impossible dans les ténèbres. Il y a des endroits où l'arroyo n'a pas 5 mètres de large. Un arbre renversé, un éboulement du talus, une pierre peuvent nous arrêter, et même nous faire échouer. Il y a, a 5 kilomètres d'ici, au milieu des bois, une sorte de lac que traverse la rivière. Nous pourrions nous arrêter au milieu, afin d'être à l'abri de surprises dangereuses.

— De la part des indigènes?

— Non, de la part des fauves.

— Nous acquiesçons à la judicieuse observation de l'interprète, et, une heure plus tard, nous stoppons au centre d'un etang de 5 à 600 mètres de circonférence environ et dont la profondeur, mesurée à la perche, indique $2^m,25$ d'eau.

La forêt nous entoure de toute part. La nuit vient, une nuit noire, sans étoiles.

Dans la profondeur des futaies, des oiseaux de nuit échangent des cris ressemblant tantôt à des appels, tantôt à des plaintes. Une vapeur tiède monte de l'eau nous imprégnant d'une atmosphère lourde et dont aucune brise ne vient tempérer la chaleur.

— Ce serait peut-être le moment d'aller à la chasse aux tigres, insinue avec un peu d'ironie dans la voix M. Boniface.

— Il n'y a pas de mirador.

— Est-ce que vous jugez ce refuge aérien absolument indispensable? interroge le mauvais plaisant.

— Je conviens qu'à la rigueur je pourrais m'en passer.

— En montant sur un arbre à tronc lisse?

— Non, en restant tranquillement ici et en guettant le tigre que le hasard amènera peut-être sur les bords de l'étang.

— Vous ne le verriez pas à 10 mètres. En dehors du rayonnement du falot de la chaloupe, on ne distingue rien

— Alors je ne chasserai pas cette nuit.

— Adieu ma descente de lit! Bonsoir les griffes de tigre pour le Musée de ma ville! gémit M. Bollard.

— Vous oubliez le Céleste de la rue Catinat.

— C'est vrai. Je ne songeais plus qu'il vous restait la possibilité de chasser le tigre à Saïgon, dans une boutique de peaussier chinois.

— Bonsoir, monsieur le plaisantin.

— Bonne nuit, monsieur Tartarin.

⁂

Les derniers bruits de la forêt se sont éteints. On n'entend même plus le cri des oiseaux de nuit qui, tout à l'heure, se répondaient.

Pas un souffle d'air ne ride la surface des eaux, qui reflètent placidement la lumière projetée par la lanterne du mât.

Autour de nous, tout est silence.

Le ciel reste sombre comme la ceinture de forêt enserrant l'étang où flotte, à l'ancre, notre chaloupe.

Je suis le seul qui veille encore à bord, et, l'œil fixé sur les ténèbres, je sens, peu à peu, une impression de mélancolie m'envahir.

Tout à coup, une sorte d'aboiement rauque éclate dans la nuit... Kop!... Kop!... c'est loin, très loin de nous ; puis l'aboiement se rapproche, s'éloigne de nouveau, et tout retombe dans le silence.

C'est le tigre qui chasse sous bois.

Mes paupières s'appesantissent... mes yeux se ferment, et le commencement d'un rêve se dessine.

Je me vois à l'affût, j'attends le tigre, non pas du haut d'un mirador, mais derrière un arbre, le fusil prêt à mettre en joue, l'oreille tendue.

A cet instant, un rugissement éclate auprès de moi et je me réveille brusquement.

C'est M. Bollard qui ronfle.

CHAPITRE XIV

Nous avons quitté Saïgon depuis quelques heures et notre paquebot fend les flots qui semblent s'être faits berceurs pour le retour vers la patrie.

Sur le pont, les passagers devisent joyeusement. M. Boniface Bollard explique avec complaisance à un de ses voisins les qualités de l'algue appelée *gelidium spiniforme*.

Le voisin, un japonais qui va en France apprendre l'art de la guerre semble médiocrement intéressé, et notre savant qui s'en aperçoit va cesser sa démonstration scientifique lorsque voulant profiter de ses dispositions au bavardage, je lui pose une question qui bien souvent s'était présentée à ma pensée.

— Monsieur Bollard, je voudrais bien obtenir de vous une révélation.

— Je vous écoute.

— Je n'ai pas oublié que vous avez découvert un remède infaillible contre le mal de mer. Ne pourriez-vous pas me le communiquer ?

— En quoi cela vous toucherait-il ? Vous supportez la mer comme un mathurin ayant vingt ans de roulis dans les jarrets.

— D'accord, mais je n'habite pas plus que vous l'île de Robinson Crusoé, et il est bon nombre de nos concitoyens que cette révélation pourrait intéresser.

M. Bollard réfléchit un instant, sourit et me dit à l'oreille :

— Je n'ai jamais trouvé le moindre remède au mal de mer, et mon affirmation à bord du *Calédonien* était une simple plaisanterie.

Surpris de cette réponse, je dis à M. Bollard :

— Pourtant, je vous ai vu très malade pendant quelques
jours...

— Et tout à fait vaillant pendant le reste de la traversée,
n'est-ce pas? Eh bien! cela tient à un ordre de phénomènes
dont je n'ai pas la spécialité. Quand je m'embarque, j'ai toujours le mal de mer, et vous savez comme moi que plus d'un
marin,   y compris des officiers de tous grades, — se trouvent dans ce cas.

Chez les uns, le mal dure vingt-quatre heures ; chez ies
autres, il varie entre deux, trois et quatre jours. Je ne parle
pas de ceux qui l'ont constamment et dont chaque minute
passée en mer est une minute de souffrance.

Or, j'appartiens à la deuxième catégorie.

Aussitôt que chez moi l'appétit réapparaît, la crise est
passée pour ne plus revenir pendant la traversée, si longue
et si pénible soit-elle. Je puis, à partir de ce moment, supporter tous les tangages et tous les roulis combinés. Voilà
l'explication de la transformation dont vous avez pu constater
les effets.

*
* *

M. Bollard m'a-t-il dit la vérité ?

Je le crois, car sa bienveillance naturelle, sa philanthropie
éclairée ne lui permettraient pas de dissimuler un remède
dont l'humanité tirerait un profit.

En tout cas, la porte reste ouverte aux recherches, le pro-
blème, depuis longtemps posé, n'ayant toujours pas reçu de
solution.

*
* *

Pendant un nouveau séjour de quelques heures à Singapoor, nous rencontrons un éléphant transportant une pièce
de bois devant servir à la construction d'une maison appartenant à son maître. Deux juges hindous, assis auprès d'un

parapet, ne se dérangent pas pour laisser passer l'anima
Délicatement, ce dernier les évite.

Le mastodonte marche d'un pas grave et semble pénétré de
la mission qui lui est confiée.

Il sert les maçons et les charpentiers. Un jour ou l'autre,
on lui fera laver la vaisselle.

L'éléphant est, du reste, un animal merveilleusement
intelligent, apte à une foule de besognes, même à celles qui
nécessitent un travail d'une extrême délicatesse.

Ainsi, à l'aide de l'extrémité de sa trompe, il décortique
très bien un tronc d'arbre, enlevant l'écorce avec une précaution extrême.

La reconnaissance de l'éléphant pour l'homme qui lui
manifeste de la sympathie est une chose des plus curieuses.

Après un voyage de six mois aux Indes, un de nos compatriotes nous a raconté que l'éléphant lui servant de mon-
ture s'était vivement attaché à lui. Cette bonne bête ne se
contentait pas de le porter : tout le long des chemins elle
brisait, à l'aide de sa trompe, les branches qui auraient pu
effleurer la tête de son maître provisoire.

Il y a des domestiques moins attentionnés !

Les soins à donner à un éléphant exigent une préoccupation constante.

Sa ration de chaque jour se compose de vingt-cinq livres
de farine de blé environ ; on en fait une pâte en additionnant
ce plat, d'apparence indigeste, d'une demi-livre de sel.

On confectionne ensuite une douzaine de gâteaux destinés
à fournir le menu des deux repas de l'éléphant.

En forêt, le mastodonte cueille des branches, dont il
compte s'offrir l'écorce, en guise de dessert, une fois arrivé
au campement.

La docilité de l'éléphant est si grande qu'il se laisse très
bien attacher à un arbre par une ficelle

Il ne tentera rien pour briser ce faible lien, dont le plus léger effort le débarrasserait.

M. Boniface, qui nous narre ces choses, ajoute:

— Remarquez aussi que l'éléphant, dans l'ignorance où il se trouve des progrès de la science médicale, se passe très bien de vétérinaire.

Il se soigne lui-même et se purge avec des herbes soigneusement choisies. Dans son intéressant livre sur *l'Inde des*

A SINGAPOOR.

Rajahs, M. L. Rousselet affirme que l'éléphant fait des boules de terre d'une glaise rouge et les avale pour combattre les vers intestinaux auxquels il est très sujet.

— Eh bien ! continue M. Bollard, supposez un homme né et élevé au milieu des forêts, loin de toute civilisation, ignorant de toute science ou, du moins, de tout ce qui s'apprend dans nos écoles et dans la vie courante d'un peuple civilisé. Pensez-vous qu'il serait beaucoup plus intelligent qu'un éléphant?

— **Dans ce cas**, répond plaisamment quelqu'un, pourquoi n'essayez-vous pas de parfaire l'éducation d'un éléphant apprivoisé et ne tentez-vous point de l'instruire?

— Hum !... Je pense qu'il refuserait de s'y prêter.

— C'est probable.

— Et savez-vous pourquoi?

— ???

A COLOMBO.

— Tout simplement parce qu'il n'a aucun besoin d'apprendre quelque chose pour gagner sa vie. Il lui suffit de savoir se servir habilement de sa trompe pour traverser l'existence en éléphant pleinement satisfait... Et puis...

— Et puis?

— L'éléphant est un animal sagace qui a dû constater déjà que l'instruction donnée à l'homme ne l'empêche pas toujours d'être un sot.

Cette boutade termine la conversation sur les éléphants.

La traversée du détroit de Malacca a lieu sans incident.

Voici maintenant Colombo et son original bateau-balancier.

Puis, la traversée de l'Océan Indien, l'entrée dans le détroit 'o Bab-el-Mandeb, la montée de la mer Rouge, dont les 40° ᵔntigrades nous enlèvent l'appétit, malgré les énergiques ancements du panca nous éventant pendant les repas.

A SUEZ.

Nous stoppons trois heures à Suez; plusieurs passagers débarquent, quelques-uns d'entre eux désirant se rendre au Caire par la voie ferrée, faire une halte de quelques jours aux Pyramides et s'embarquer à Alexandrie pour rentrer en France.

Puis c'est le long défilé à travers le canal de Suez, les heures d'étuve entre les monticules de sable et enfin Port-Saïd, dernier port d'escale avant l'arrivée à Marseille.

Nous errons à travers les rues de cette ville, et nous lui retrouvons la physionomie qu'elle avait lors de notre premier passage. Rien ne change à Port-Saïd.

Ce caravansérail conserve en toute saison le même aspect,
la même animation et fait promener par les rues les mêmes
objets de commerce offerts aux voyageurs descendant des
paquebots.

Nous remontons à bord vers trois heures du soir, le départ
devant avoir lieu à cinq heures.

UNE RUE DE PORT-SAÏD.

Les passagers ont quitté le costume de toile et le casque
colonial. Nous entrons dans la Méditerrannée et, en nous
éloignant de l'Asie et de la côte africaine, nous reprenons
les usages européens.

Dans quatre ou cinq jours nous serons à Marseille.

La pensée du retour prochain a mis de la joie sur les
fronts.

En nous rapprochant de la France, nous éprouvons une
sensation d'une étrange douceur.

Le fils qui va revoir sa mère après une longue absence
doit ressentir des impressions de ce genre.

Qui n'a pas voyagé dans les pays lointains ne peut se rendre compte de ces choses.

Au cours d'un voyage on est souvent intéressé, charmé par la nouveauté des choses entrevues.

La véritable joie n'est éprouvée que le jour du retour, lorsqu'on pose le pied sur le sol de cette patrie où l'on avait, en partant, laissé la meilleure partie de son cœur.

TABLE DES MATIÈRES

CHAPITRE VIII

CHAPITRE IX

CHAPITRE X

CHAPITRE XI

CHAPITRE XII

CHAPITRE XIII

CHAPITRE XIV

IMPRIMERIE RAMLOT & Cⁱᵉ
52, Avenue du Maine, 52
═══ PARIS ═══

1925